与大学生的心灵对话

万巍 著

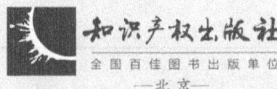

知识产权出版社
全国百佳图书出版单位
—北京—

图书在版编目（CIP）数据

与大学生的心灵对话 / 万巍著. — 北京：知识产权出版社，2020.3
ISBN 978-7-5130-6712-6

Ⅰ.①与… Ⅱ.①万… Ⅲ.①大学生–心理健康–健康教育 Ⅳ.①G444

中国版本图书馆CIP数据核字（2019）第292726号

内容提要

全书共十章。第一章至第三章作者回忆了自己的幸福童年、青春岁月和中年经历，在反思中感悟成长；在此基础上，第四章开启了作者与大学生之间的心灵对话，如就个人如何自我成长、如何确定人生目标、学习和考试中的困惑、考研还是就业等问题进行交流互动；第五章至第十章从对爱国的认识、强健体魄、快乐学习、情感的调节与处理、常见心理问题、做好就业准备等不同方面，结合身边的典型案例和自身经历，助力大学生解开种种困惑，为他们提供科学恰当的指导和切实有效的建议，使其获得正确认识并实现自我成长。

责任编辑：王志茹　　　　　　　　　　　　责任印制：孙婷婷

与大学生的心灵对话
YU DAXUESHENG DE XINLING DUIHUA

万　巍　著

出版发行：知识产权出版社有限责任公司	网　　址：http://www.ipph.cn
电　　话：010-82004826	http://www.laichushu.com
社　　址：北京市海淀区气象路50号院	邮　　编：100081
责编电话：010-82000860转8761	责编邮箱：laichushu@cnipr.com
发行电话：010-82000860转8101	发行传真：010-82000893
印　　刷：北京建宏印刷有限公司	经　　销：各大网上书店、新华书店及相关专业书店
开　　本：720mm×1000mm　1/16	印　　张：12.75
版　　次：2020年3月第1版	印　　次：2020年3月第1次印刷
字　　数：176千字	定　　价：58.00元
ISBN 978-7-5130-6712-6	

出版权专有　侵权必究
如有印装质量问题，本社负责调换。

序一　强者的天地

我与万巍教授素昧平生。他殷切希望我给他的新书《与大学生的心灵对话》作序。我望着厚厚一沓书稿，随意翻了几页，字小如蚁的行文，尚且未读却已被惊得望而却步。人已暮年，老眼昏花，要读完这本书稿，模糊的双眼岂能遂愿而一目十行！

2019年4月，我应邀参加马鞍山传动机械厂成立53周年庆典。我不是该厂的员工，便婉谢了秦俊的邀请。摄影家秦俊是这次活动的发起人。他诚恳地说："曹老师，你是我们厂发展历史的见证人。"言之有理，我与夫人欣然赴会。

这次庆典，从某种意义上来讲，是一些老朋友自发相聚，以此表达对老厂长金铭新发自内心的崇敬之意。马鞍山传动机械厂由小变大、由弱变强，全仗老厂长金铭新在体制上锐意改革，勇于打破陈规陋习；在技术上，热衷改造创新，不断攀登技术高峰；在营销上，善于布兵摆阵、四面出击，使产品博得广大客户的认可和赞扬……正因为金厂长能带领全厂职工同甘共苦、开拓进取，才使一个名不见经传的机械厂历经脱胎换骨的一次又一次阵痛，逐步发展成令人瞩目的中型企业。金铭新与我是有36年友情的至交。在那充满艰辛、步步惊险，动不动就要承受上下压力的漫漫征途上，我佩服金铭新不屈不挠的意志，时不时为他的命运担忧，也愤然命笔为他摇旗呐喊……积极投身改革的热潮使我们有着说不完的话，对社会问题的深入思考使我们将彼此视为知己。如今，我俩虽然已桑榆晚景，但还是在微信上常来常往。

这次庆典活动的筹备人秦俊，当年是马鞍山传动机械厂的宣传干事。他对我说："你和金厂长的友谊尽人皆知，你以前来我们厂采访，我拍的照

片至今还保存着。"

是金铭新建议万巍请我写序,是秦俊带着万巍来拜访我。故人相托,好友引荐,虽盛情难却,却因老眼昏花而不免左右为难。万巍简略介绍了他的人生经历:高中毕业后考入华东冶金学院(后改为安徽工业大学)机械系;大学毕业后被分配到马鞍山传动机械厂,先参与十字万向联轴器及各类减速器的产品设计,继而从事产品零件的工艺、工装的编制和设计工作,后来做了6年的产品推销员,足迹踏遍大江南北;其间,利用业余时间组建了厂足球队,还成为厂里业余舞蹈队的队员,并取得了1987年全市舞蹈大赛的冠军。不仅如此,他还是厂里英语培训课上的好学生。教授英语的老师是从安徽工业大学聘请来的外籍教师戴安·朗小姐。这位金发碧眼的老师毕业于美国斯坦福大学。万巍原本就是她的学生。金厂长请她来厂里上英语课。2001年,经过磨砺的万巍通过招聘回到了母校,但这次不是回去做学生,而是站上讲台成了一位名副其实的教师。现如今,为了展现曲折奋斗的人生经历,他又著书立说。

万巍的讲述表明,他的人生道路一直掌握在自己的手中。性格决定命运。我一向敬重醉心于个人奋斗的男子汉,更加欣赏有个性、有思想、有作为的生活强者。正是因为对强者的情有独钟,我对这本书稿产生了不妨一读的兴趣。读着读着,老夫聊发少年狂,虽眼力不济,但通过揉搓眼睛,或时停时续……当饶有兴味地读完书稿时,我不禁惊叹,此人可谓是一位生活的强者啊!

万巍曾在基层做过各种工作,做什么像什么,靠的是认认真真做好每一件事,由此也丰富了他对人生的理解和探索。虽然他的经历并不轰轰烈烈,但他活得实在。相对人生的大舞台来说,他活动的天地虽然狭小但并非死水一潭,因为他有向往、有追求、有信心把小河的水引向大江,并掀起壮阔的波澜。

对这一阶段的生活,万巍写下了这样的文字:"应该说我在大学里并不是一个出类拔萃的好学生,但被分配去的单位非常突出。厂长是清华大学1962年毕业生,温州乐清人,思维敏捷、个性张扬、疾恶如仇、开拓进取。他非常重视人才的引进和培养。在我们这样一个有500多人的机械加工制造中型企业里,当时竟然有来自麻省理工学院的博士,重点大学的硕士生也不在少数,还有100多名大学生的人才储备。我厂在当地可以说是鹤立鸡群。"

国以才立、政以才治、业以才兴,人才是事业发展的最宝贵的财富。一个工厂的发展自然需要大量突出的人才。在万巍刚刚踏入社会的最初阶段,便有幸进入了一支有抱负和学识的人才队伍。

近朱者赤。一个人的健康成长,除了自身的努力以外,外部环境也是至关重要的。只有身处于一个良好的环境中,才能被引向一个正确的方向。万巍通过文字表达了自己的感悟:如果你的周围是一群鹰,那么你自己也会成为一只展翅翱翔的雄鹰;如果你周围是一群山雀,那么你或许永远也看不到海阔天空。

写到这里,我不禁想起秦俊曾经对我讲过的一段话:"曹老师,金厂长当年亲自挑选的一百多名大学生,在他的带领和培养下全都成了有现代意识的技术骨干。真没想到,二十几年后这些人大多数都被提拔,成了市里各个重要部门的领导。"

古人云:"君子择友而交。"一个明智的良将势必择明君而从,并与仁者交。万巍一踏上社会就追随明智的领导,并与一批有理想、有追求的同人共事,自然会受到潜移默化的影响。万巍娓娓道出在马鞍山传动机械厂的亲身经历,无非要告诉他的学生,与一些有上进心的人相交也会渐渐受其影响,使自己的品行高尚起来;马鞍山传动机械厂求实的厂规厂风所营造的人人奋发向上的企业环境,具有"润物细无声"的育人效果;敢于在技术上创新,勇于攀登为先,倡导抱团拼搏的企业精神,无不蕴含着丰富的教育因素。这一切自然有助于全厂职工树立正确的人生观——要做一个德才兼备、真正有益于社会的人。

由此可见,马鞍山传动机械厂对万巍的人生跨越产生的影响是多么深远。他把自己刻骨铭心的记忆融成语重心长的文字——同学们啊,千里之行,始于足下,良好的生存环境势必把优秀的人才锤炼成展翅高飞的雄

鹰,而不是一只永远也飞不高的山雀。

教育大计,教师为本。从书中可以看出,万巍不仅是学生的良师,也是慈爱的长者,更是学生的知心朋友。他在书中掷地有声地写到:"没有文化的教育,是丢失灵魂的教育,是无法产生唤醒学生力量的教育。没有师者的思考和行动,就不会有教育文化的可持续发展。"这是一个颇具专业性又极其深刻的问题。对于教育,我毫无研究,也无此涵养,自然难以对这一命题做出精辟的论述和分析。不过,我似乎从中窥见了万巍老师的内心世界,他日思夜想的是如何通过自己的努力成为一名优秀的教育者。

《与大学生的心灵对话》中的字字句句,无不从各个侧面把万巍执着做一个优秀的教师的心愿表现得淋漓尽致:在大学教授的岗位上,他只专注于授课育人,从未过分关心自己的职称、荣誉等"私利",始终在不断提升自己,不断学习,不断创新教学方法,力争能够给予学生更多的知识,包括书本上的和书本之外的知识。不仅如此,他更多的是在苦口婆心地告诫学生:人要活得有灵魂、活得有骨气,要对社会的公益事业有崇敬的觉悟。这些发自内心的文字像春雨一般缓缓渗入学生们的心田。

在授课方式上,他将自己的处世哲学与课本知识结合起来,对学子进行以情动人的启迪和理性的引导。他之所以要奉行身教言教相结合的方法,完全是发自肺腑的真心真情,因为他想让学生们在增长知识的同时,开始学会理解人生、学会成长,借此警醒和督促他们要树立奉献自己的人生观,让他们清楚每一个在大学读书的学生应该知道今后自己肩上将要挑起的责任和使命——活着,要有自己的价值,做一个对社会有贡献的人才是一个真正的强者。哈佛大学的一位校长曾经说过,如果哈佛培养的学生只掌握知识和技术,那就是我们的失败。万巍老师以树立责任心而读书的教育,与哈佛那位校长的观点,何尝不是有着异曲同工之妙啊!

显而易见,万巍虽然是学生关注的老师,而他循循善诱的学生则是他眼中的知己。从洋洋洒洒的文字中可以看出,他不屑于将课堂教育与市场应用结合起来进行人才培养规划,认为倘若那样做是不足取的,会导致

序一 强者的天地

大学教育变得愈加功利、浮躁。或许是有感于当前教育中出现的追逐功利的浮躁倾向，或许是因对自己的教育生涯所做的认真反思，万巍才会笔下生风、谈古论今、引经据典、晓之以理、动之以情。透过字里行间，我可以清楚地感到，对他来说，教育的本质不是谋生，而是唤起学生的兴趣、鼓起学生的精神。他鄙视靠教育谋生，甚至盗名窃誉。他认为，一个教师，既要学识广博，又要有社会责任感。作为学生学习知识、踏入社会的引领者，教师应该具有神圣的使命感，就是把丰富的知识、良好的学习意识和生活意识传授给每一个学生。教育，意味着一棵树带动另一棵树、一朵云推动另一朵云，让学生们成为既有激情又有理智的人。

在书中，万巍除了谈到教育的相关问题外，还反映了生活领域和社会各个层面的一些问题，不胜枚举，如对大学生能不能谈恋爱有独到的见解；对新技术、信息革命的新动向、人工智能的发展趋势满怀热情和期待；在谈到我们建设的小康社会时，他认为需要的不仅是物质，更是一种与物质相适应的精神，等等。

总之，在他的书中，我能明显感觉到他对各种科学技术的创新异常敏感。这无疑让我对他有了人如其文、文如其人的赏识。他虽然是一位大学教师，但并不是两耳不闻窗外事、一心只读圣贤书的教书匠。他虽身处大学校园，却眼观六路、耳听八方。可以毫不夸张地说，正因为他情系国家、心怀千端，所以才不是只为养家糊口的所谓世俗教师，而是堂堂正正的衔命老师。

细读这本书，我还有一种强烈的感觉，正因为万巍是一个有思想深度又有心胸宽度的大学教师，才会以难得的热忱与使命感情不自禁地挥毫泼墨，把对大学生活的长期观察和思考、把对青年学子喜怒哀乐的深切感受，用真情实感烹文煮字。这本书也许在叙述方面还不够精当，章法的安排尚欠妥帖，但字里行间浸透着作者"望子成龙"的殷殷期望。诚如他所述，他的每一堂课都极其生动，充满着活力，用智慧启迪学生，以灵性活跃学生的思维。我想，这就是教师的激情。万巍的教育实践告诉我：倘若教师没有激情，他的教育生涯就不可能善始；教师没有高瞻远瞩的社会担

当,就不可能肩负教人育才的崇高职责,自然不能善终。

写到这里,虽欲罢不能,但自知也多多少少地讲出了肤浅的读后感。那如何收笔呢?我想起了居里夫人的一句名言:"弱者坐待良机,强者制造时机。"

人生有涯,胸窄志短的人的天地必然狭窄局促。相反,胸有大志的强者,眼光有多远,天就有多宽;心胸有多么博大,地就有多厚。万巍以他强者的坚毅开辟了属于自己的天地。不仅如此,他还用心灵与学生对话,热忱地启蒙学生,要做个真正的强者,就应该用不断的努力为自己开创崭新的天地。

曹致佐[1]

2019年4月

---

[1] 曹致佐:曾任马鞍山市文学工作者协会副理事长、上海市作家协会《作家与企业家报》负责人、上海文学发展基金会副秘书长,1990年加入中国作家协会,著有长篇小说《用微笑迎接风暴》(人民文学出版社1989年版)、散文集《雷神之水》(文汇出版社2013年版)、话剧《青出于蓝》(安徽人民出版社1975年版),电影文学剧本《青春似火》(合著,北京电影制片厂1975年拍摄)、《平静的激流》《献给罪犯的鲜花》,短篇小说《魔力》(《人民文学》1986年第6期)、《石级巍巍兮》(《散文》1987年第7期)等,纪实文学《巴金与陈登科心有灵犀》,报告文学《第二次创业》(合作)获国务院发展中心中国经营大师优秀作品奖。

序二 我们和万巍

最近,万巍带着孙女来昆山看我。自分开,我与他已有二十余载未谋面。他请求我为他的新书《与大学生的心灵对话》作序。我本想拒绝,但最终还是答应了。

翻看他的书稿,我有一个很大的感受,万巍——那个曾经青涩的年轻人如今真的变了,虽还有些问题考虑尚有欠妥之处,但确实与我记忆中的那个小万有太多的不同。他谈到这些年的学习和生活等很多话题,我为他感到高兴。恰逢回到阔别多年的马鞍山,参加"马鞍山传动机械厂成立53周年老同事聚会"活动,我对他又有了更多的接触和了解。

翻开他的书稿,从目录开始浏览,我看得出他的赤胆忠心,也看得出历经生活磨砺后的成长。他首先书写的是对自己成长的回顾,从少年、青年直到中年的经历、思考、成长、感悟和改变。文中有辞藻华丽之处,也有平铺直叙,其中他对父母的那份感激和爱让我感怀。毕竟每个人的生命源于父母亲人,他的父母与我是同代人,一样也是通过奋斗成为高级知识分子,也比较成功。我与他的父亲这代人,在一生工作中的那份执着都是相同的,因为我们都想用努力和奋斗为孩子们创造更好的生活,创造我们能给他们的幸福,也希望他们能小到为己为家、大到为国为天下贡献力量。

从我来到马鞍山,和同事们艰苦创业,把一个企业从无到有、从小到大、红红火火地建设起来,实际上这也是每一个同事相互认识、求同存异、凝聚众力、共同奋斗的过程。小万等一代年轻人大学毕业后来到我们的企业工作的15年,也恰逢我们快速发展的黄金期,一个企业必须有大量自

觉上进的人才,才能有长远发展。事实也证明了这一点,从主动地招募人才到越来越多的人才涌入,一线年轻员工的知识学习和培训,企业都竭尽全力。也正是因为这样,企业发展的潜力和凝聚力都得到了极大的释放。时间和实践检验,来到这个企业的年轻人,可以看到他们今天每个人的事业都非常成功,我也十分欣慰。我的观点是放在笼子里的人才,是小人才,逐渐会相互竞争,因此一旦有机会经历一些风雨,他们就会像鸟儿拍动着已丰满的羽翼飞向更广阔的天地。

在整本书中,我感觉是一个"情"字贯穿始终。有成长中父母的舐犊之情、培育之情,有对老师、同学、学生、朋友及大中国的眷恋之情。没错,情,是需要相互的、交流的,才能升华,才能永恒。感恩父母给予的爱,先是"被爱",慢慢学会长大,才能心存感激地学会"被爱后回馈以爱",才能在"被爱"和"去爱"中实现人生的升华。对于人,这个主题是人类能够传承下去、社会能够发展的最根本的人性、人本和人文。

通过他一个人跑遍全国的经历,我看得出那些年他的感悟、积累和成长,通过读书深入了解,更能感受到他今天成长的那种力量的源泉,也更理解他今天能有如此奋斗精神的因缘。

我依稀记得小万年轻的时候爱好非常多,也很活跃。看到今天的他变得忙碌,尤其是他带着孙女来昆山看我,通过交流我看得出他对孩子的那种关爱、那种培育,是一种男人、丈夫、父亲、外公肩上的责任,是一种承诺,是一种忙碌,更是一种幸福。我自己也儿孙绕膝,虽然我依然很忙碌,但当我的孩子们能够在我的身旁哪怕只是待上一小会儿,看着他们笑语欢声,我的幸福感油然而生。我怕自己会停下脚步,然而正是因为有了他们,我们的努力奋斗才真正有了意义。作为小万曾经的老领导,看到他的成长和奋斗,也为他和他的家人、孩子感到高兴,也能深刻体会到他的幸福快乐。

在大学校园里,能够对学生如此用心真诚交流的万老师,对同学们的关心是非常细致的,在他们成长的每个阶段都能提出既独到又有建设性的建议和引导。通过他对中国社会发展的深刻体味和感悟,把握现代中

序二 我们和万巍

国社会发展要求的大学生需要积累和提高能力,并找到自己的发展方向。我作为企业的管理者,也无时无刻不感受到当今大学生在工作中出现的各种问题,这实际上也反映了高等教育中存在的一些问题。比如,本科生的能力基础较为薄弱,也比较功利,显得比较浮躁,这山望着那山高,很难静下心来想想自己到底应该如何面对现实,进行脚踏实地的工作和积累。大学生年轻时沉下心来积累,对今后的能力提升和稳步发展至关重要。他们都很聪明,但是知识掌握不扎实,底子薄,缺乏自我监督,容易受外界干扰,很难静下心来深入实践学习和自我学习。我们虽会安排一年左右时间由老工人和技术人员带毕业生开展实习,但实习中和实习后暴露出的问题还是不少,也有不少人忍受不了这种寂寞,另寻工作。由于一生的习惯,我对聘用的员工要求比较高,但谁又能说企业对用人是没有要求的呢?用自己的能力和实干去赢得尊重和高工资,这是每个企业和个人衡量工作、事业的基本价值的统一标准。国有企业、私营企业等多种所有制企业,对员工的要求都应该也必须是这样的。毋庸置疑,企业与员工之间的关系,以及所产生的文化、各自的收益,必然是相互的。

学后教育、训练和培养,一直是我多年坚持奉行的。如果在实际工作中我们的知识学习不能自觉转变为能力的提升和培养,阻断主动学习和提高的意识和行动,那么你存在的价值必然会越来越小,直至被淘汰。而这些都是需要自己明确和主动去做的,因为社会与企业的要求越来越高,员工没有危机感,不加强自我学习和提高,终究是不能适应的,也不可能再有自我发展和提高。

在与万老师的交流中,也看得出他现在对学生的引导和教育,实际上是一种学中教育,甚至学后教育,把自己对学习、工作、生活、情感、坚持和奋斗等方面的多年感悟,真心地与在校大学生进行交流,期待青年学子能够有方向、有目标地走好自己的路,这是现代大学应该积极鼓励和提倡的。只有在贴近社会现实的开放学习环境下的正确引导,才能使大学生们有预见、有准备地进行生活、学习、情感、成熟等一系列自我成长。

在书中,看得出很多看似"无关"的话题,其实都是他在相同的大环境下的个人感悟和思考。他对每个人生活的外部环境的分析和相应的引导，同样值得我们去思考和领悟。时刻准备着，感悟和自觉，看起来任务很重，却一定是每个青年走向成熟的必由之路。

我很欣赏也认同万老师的这三句话：其一，大学生、年轻人必须有目标、有目的地奋斗，因为"己家国天下"；其二，对任何人、任何生命而言，时间是个不定常数，生命更是个不定常数，虽然他（她）的生命不过百年，但让它成为人生的有理数，还是无理数，全掌握在自己手中；其三，"学生学生，学习人生、学懂人生、学会人生"，这才是每个人、每个"学生"的本义和责任。作为他曾经的老领导、曾经见证他成长的长辈，我们依然会相互学习、相互警醒、一起奋斗！

金铭新❶　秦　俊❷

2019年4月

---

❶ 金铭新：机械设计制造高级工程师，获"国家有突出贡献中青年专家""安徽省级劳模""昆山市十佳科技工作者""昆山民营创业能手"等称号，已获13项实用新型专利、2项发明专利，有8项发明专利还在申请中。

❷ 秦俊：曾在安徽省马鞍山市传动机械厂宣传广告科工作，中国摄影家协会会员、中国摄影著作权协会副首席代表；20世纪90年代开始学习摄影，2000年以后进行摄影创作，作品曾发表于《中国摄影》《大众摄影》《人民摄影》《扬子晚报》等报刊，部分摄影作品被收录于《中国摄影年鉴》；曾编著摄影图书《走进西递》（2006）、《徽州老宅》（2012）、《消失中的上海弄堂》（2017）等。

前 言

我是万巍——安徽工业大学创新教育学院教师,主要从事大学生工程实践、创新和人文教育等课程的教学工作。不同于其他大学教师的成长之路,我有多年游历全国的人生经历,通过与社会的广泛接触,洞悉人心,深刻体察社会和生活中的每个细节,并积极思考和总结对自己今后成长和发展有益的思想和经验。我希望通过本书能够使自己与学生在多年的交流和实际教学中积累的经验和做法,以及多年总结的教育思想和方法得到广泛传播,并不断发展。

交流对话是人类得以沟通的根本途径。本书以对话的形式,先从个人的成长经历谈起,以心灵的对话为特征,期待能激发每位读者展开更深层次的人生思考,从而明确、检验和坚持自己今后的人生道路。

本书结合自己多年的生活、工作和人生感悟,用一种教师的思考、交流和引导方式,探讨大学生们比较关心的问题。本书以相关实例,紧扣目前对某些问题的思考和应对,期待得到读者的理解和认可。同时,作为一名大学教师,我在与学生的接触和交流中,通过自己的思考尝试与他们进行心灵的对话,并以自己独特的方式释疑解惑,期盼他们的行为能够符合中国当代大学生的行为规范,最终将自己的所学和能力用于国家的建设和社会的发展,从而实现各自的人生理想。

在日常的教学、工作和生活中,我广闻综见,爱好广泛,且非常善于与各类人群进行形式多样的交流,同时也希望自己的努力能帮助身边的每个人。我坚信交流是社会存在和发展的基石,并在教育教学之外与各类人群建立广泛而独特的联系。每个人在成长和受教育的过程中,都会不断丰富自己的人生经历和感悟,然而能否获得社会的认同和自我价值的

实现,在很大程度上取决于对社会价值和人生价值的分辨取舍及具体实现的过程。

在和大学生的交流中,我思量他们的成长道路,探究他们的性格、习惯和特征时,不仅是以一个师者和长者的身份,更是以一个思考者、关注者和指导者的身份,对他们进行课业教授之外的传道和解惑。在美好的青春年华进入大学校园,每个人均已成年。在从青年到成年的关键时期,他们身边还有多少能真正帮助自己走向成熟的亲人、长者。在中国式家庭教育的呵护下,经过中小学教育、大学教育后,他们必须成为相对独立的个体,必须学会独立成长。在自我成长成熟的客观要求下,他们在成长中遇到的种种问题就像即将出闸的洪水,必须对其进行恰当的疏导。然而在现实生活中,对社会人的要求不仅仅是所学知识的输出,还有成熟的思想、行为,甚至高尚的品德。要满足社会的要求,每个人不仅要不断积累,更需要不断付出。

本书对在校大学生在学习、生活、情感、理想等方面必须注意的问题进行了深入的研究,并提出一些合理的建议,目的是让他们能够有意识地磨炼自己,在大学学习结束真正走入社会后能适应快速的发展和瞬息的变化,真正成为国家、社会的建设者,成为中流砥柱。

世间,无外天、地、人,而人是世间唯一的智灵生物,也只有人才能感悟美好、追求美好、创造美好。书籍是人们用双眸去观察美好、用心灵去感悟美好、用文字去抒发美好的一种形式,而美好一定是每颗心灵必然的追求。

衷心感谢朋友们能聆听我的心语、人生感悟。在这里,我们虽未谋面,但你们已经与我心心相通,成为真正的朋友,虽相隔却相知。

目　　录

第一章　我的幸福童年 1
第二章　我的青春岁月 9
第三章　奋斗在中年 21
第四章　入脑更要入心 61
第五章　不一样的十八岁 101
第六章　浅谈爱国 109
第七章　强体与乐学 113
第八章　细说情感 123
第九章　解读心灵密码 137
第十章　让机会垂青于你 171
结　语　明天必将灿烂 183

第一章 我的幸福童年

导言：回望走过的人生之路，我从懵懂遥想、青春蹉跎到不惑思索，时光荏苒，不再回还。今天，每当审视自己度过的每个日日夜夜、春夏秋冬，生活中的一幕幕仍历历在目，在心灵中闪耀。明天，虽不可预知，但我们应奋斗不息。

在北方的一座城市——包头，那里有我童年绵长的记忆。在蒙语里，"包头"的意思是有鹿的地方。

夏天是我和伙伴们到处撒欢儿的季节。沐浴在柔和的阳光里，小伙伴们早就兴奋不已，抓起各自的纱网或粘竿，奔进郁郁葱葱的榆树林。枝头、叶下有无数五颜六色、大小各异的蜻蜓，草地、林间有许多上下翻飞、相伴相依的花蝴蝶。那里的蜻蜓与南方的蜻蜓有所不同，个头儿很大，一如北方人的伟岸魁梧。但是，它们有一个致命的弱点，就是警觉性极差，因此常常成为我们的竿头之物。我们用面筋或沥青揉成球粘在竹竿头上，发现蜻蜓时就悄悄地靠近，用竹竿去粘它，总是一粘一个准儿，有时甚至能用手指捏住落在矮树枝头上的黄蜻蜓。钢铁大街对面就是长有参天白杨的八一公园。公园内许多低洼的小水沟里，有我们喜爱的小蝌蚪摇着尾巴，正等待我们带它们入住新家。没多久它们就能变成小青蛙，在与我们惜别后为夏夜奏鸣。

黄沙裹着寒风拍打着人们脸颊的时候，冬天就快到了。我们和大人们在入冬前就已将过冬的大白菜、红萝卜和胡萝卜搬进自家的地窖里。大院里是堆积如山的白菜，到处是大人们忙碌的身影和孩子们嬉闹的笑声。望着楼前像小山包儿一样的煤堆，我们最开心的日子也到了，因为在冬天我们可以玩儿的东西太多了。

北方冬季的天气变幻莫测,让人琢磨不透,刚才还万里晴空,刹那又狂风大作,鸡蛋大的冰雹打得尖尖的瓦片砰砰作响。这时,孩子们将脸盆顶在头上,大叫着冲到屋外,享受着冰雹打在头上的那种震颤带来的快意。

北方的雪绝不同于南方,那是一种铺天盖地的冲击,而不像南方雪花飘零的风情,充满诗情画意。一连下了几天不停的冬雪,将城市银装素裹起来,盈尺的积雪是我们在太阳初现后的玩具。我们堆起高大的雪人,为它插上胡萝卜做的鼻子和红枣做的嘴。我们从家里拿出爸爸的老羊皮袄反穿着,让洁白的羊毛翻翘着,扮作绵羊互相追逐,筑雪墙,打雪仗。由于雪积得太深,道路不通,我们不能去上学了。那是我们最无忧、最快意的日子。我们还可以在楼前辟出一块空地,端来几脸盆水倒下去,不一会儿就冻成一个小型溜冰场。我们穿着自制的冰鞋,拉着用木板和铁丝做成的小爬犁穿行于冰上,就感觉自己像飞跃大青山的雄鹰。玩饿了,我们会用罐头盒和铁丝做成的小火炉,下面放一些自家煤堆里的煤炭,将自家地窖里的土豆切成片儿放在小火炉上,轮流烤出野味儿土豆片。玩累了,我们就钻进自家的地窖里围着小火炉的火光,揉搓着冻红的小手,讨论感兴趣的话题。一个同伴提议说,谁有胆量用舌头舔一下外面楼下自行车的大梁,就把铁皮手枪送给谁。我毫不犹豫地在爸爸放在地窖顶小院里的自行车大梁上完成了这一切。当我眼含热泪拼命咬着舌头不让血滴下来时,我的手里多了一把铁皮手枪。

在我的记忆中,爸爸经常出差在外,有时一两个月才能回来一次。每当爸爸回来的时候,爸爸、妈妈会将背回来的大米、猪肉和黄花鱼一份份地分好,写上名字。我和哥哥便挨家挨户地将在这座城市里很难买到的稀罕物送出去。那时北方多以玉米面、高粱面等粗粮为主,但我家因为爸爸经常出差,更多的时候可以享受到大米、猪肉、黄花鱼等美味。我知道那是爸爸用肩膀上的一道道红印换来的。

爸爸回来了,这座城市的黎明里又多了一个骑自行车去十几里远的"卡特儿"(蒙语,电影院)取牛奶的人的身影。有时爸爸还要追着卖牛奶

第一章 我的幸福童年

的人,只为给我们买到一瓶牛奶。直到11岁时,我离开那座城市的那一天,爸爸才不用付出那份儿辛苦了。爸爸不在家的时候,妈妈就自己带着我、哥哥和妹妹三个人。日子虽不如现在过得富足,但那种快乐、那份亲情是至今也无处寻觅、无法忘怀的。我的童年不但幸福,而且快乐。虽然我的父母是南方人,但是我的血液中也流淌着北方人的粗犷。

记得那是一个寒冷异常的冬季,铺天盖地的大雪夹着黄土铺满地面。零下30摄氏度的严寒,飘洒了两天的雪花儿将大地和整座城市严实地裹起来。雪停后,很多住平房的人家甚至无法推开门。天一转晴,刺目的阳光将雪地照得闪闪发亮。没几天,离我们不远的街上的第十二门市部里,在售卖许多草原上被冻死的羊。平时是很难看到猪肉的,现在被冻得梆梆作响的羊,甚至是小羊羔儿,在柜台里堆得像小山一样。很多条件好的家庭把羊买回家,一家人难得在浓重的膻味儿中大快朵颐。当时妈妈也买了不少平时很难吃到的冻羊肉回家,特地包了很多饺子让我们吃个够。一天,稍稍凉了流着厚厚羊油的饺子被我们吃下肚后不久,哥哥竟然脱去了棉衣,蹦出门外,爬上了高高的院墙,顺着墙脊来回地奔跑,还不时喊着"热啊热啊"。那种燥热让我们一家人再也不敢吃那膻味十足的羊肉馅饺子了。直到来到马鞍山很长时间后,我们才发现南方的羊肉温润可口,虽然少了那种膻味满屋的震颤。

爸爸对我们三个的教育,可以说是各有偏重。哥哥小时候非常聪明,但顽皮十足。爸爸在百忙之中,不知道为何总是无法原谅哥哥的调皮顽劣,动辄就是一顿暴打。记得哥哥虽然在四年级之前学习成绩非常好,但一次又一次地为自己的顽皮付出了伤痕满身的代价。当爸爸教训哥哥的时候,我和妹妹都胆怯地躲在妈妈怀里轻声抽泣,央求爸爸不要再打哥哥了,因为哥哥的脸上和身上已经伤痕累累。直到今天我都不能理解,哥哥的"顽劣"究竟为什么会让爸爸如此暴怒,他仅仅是个孩子而已。曾记得我和妹妹不知多少次寻找因犯了"错误"东躲西藏而不回家的哥哥。他蹲在别人家的楼道里,藏在供热管道的楼梯间里。我们给他偷偷带去馒头和窝头,满含泪水地看着哥哥狼吞虎咽地吃着,那是在滴水成冰的冬季。

看着他,我们那时真的不懂哥哥越来越深沉、记恨而愈加"顽劣"的眼神里到底饱含着什么。后来,哥哥跑得越来越远,甚至躲到设计院大院小钢厂的沟壑里。那里曾是备战备荒年代的靶场,处处是废弃而肮脏的堑壕,我们经常可以从土里挖出扭曲的弹头。哥哥出生后,因为父母非常忙碌,他曾被爸爸送到山东二伯的家里寄养。奶奶和二伯娘带了哥哥两年,因此他常常思念慈祥的奶奶和疼爱他的伯娘。小时候,我和妹妹或许是爸爸的最爱,虽然妈妈不曾有丝毫的偏斜。乖巧听话的我和活泼天真的妹妹都不曾记得在小学考试中有未得双百的失落。我和妹妹每天一大早就一起步行去离家几公里远的钢四小上学,从不迟到早退,而哥哥独自一人在离家较近的钢三小上学。直到我和妹妹先随爸爸来到马鞍山,哥哥则陪伴妈妈留在包头,30多岁的妈妈仍坚持读书进修。

1978年春节后,爸爸带着我和妹妹离开妈妈和哥哥,离开他生活了十多年的城市,来到没有几条像样街道的马鞍山。我清楚地记得,刚刚成立的马鞍山钢铁学院外没有围墙,只有寥寥零散的几栋楼,被水塘和庄稼地隔得很远。卫生所旁的池塘里,时时有短小轻灵的水蛇嗖嗖游弋,地里到处是挂满枝头的大豆茄夹和不停翻滚的绿油油的麦浪。因为在北方没有见过蛇,当第一次看到院子里宿舍楼前横躺着一条血迹干涸的花花大蛇时,我胆怯地躲进家门。而隔壁宿舍的一位老师闻声赶来,拎起地上的大蛇回家剥皮,大快朵颐。闻着楼道里扒皮后的大蛇在蜂窝煤炉灶上被蒸炖时散发的香气,我心里仍然是凉凉的。

虽然日子过得很快乐,但因为爸爸很忙,我和妹妹热切地盼望着妈妈和哥哥早日来到我们身边。不知道42岁的爸爸为什么会有那么多精力,每天总是忙个不停。虽然爸爸没有时间过问我们的学习,但我们都还算优秀。跳级的我刚来就考上了全省的重点中学。直到妈妈、哥哥和我们团聚时,爸爸的忙碌让他在只有工程设计而没有执教经历的背景下通过自己的努力获得了教授的荣耀和国务院特殊津贴,而那是在20世纪90年代初。妈妈的坚持也让她达到了自己想要的人生高度。

到30多岁时,我才真正明白和理解,没有父母的艰辛奋斗,就不会有

我们如今生活的一切。因为"无本之木无源之水"不只是简单的八个字，更需要深刻体会才能真正明白的。如今，我无时无刻不在内心感激父母给予我的一切，感谢他们不懈的奋斗。正是他们在偏远山沟里油灯下的秉烛奋发，才走进了灯火璀璨的繁华城市，才为我们现在幸福的生活播撒了温暖的阳光。爸爸、妈妈年纪越来越大了，能越来越多地听到他们讲过去的故事。

我们曾经回到离韶山咫尺的爸爸家乡的老宅，老宅就是半山腰上那间灰黑的祖屋。我凝视着围裙缠腰忙碌于灶前的奶奶和满头白发的伯娘，望着那连绵起伏的山峦，遥想爸爸在湍急的江水中驶向上海的货船里降生。听爸爸讲，他曾和几个同伴去湘潭中学求学，为了节省几个铜板的车费步行几百里地。我能想到爸爸每晚在灯下苦读的身影，还有他在重庆大学的校园里从高高的塔楼上跳伞飘然而下的英姿。还记得爸爸辗转至江南小城的学校，在遍插大豆、小麦的绿浪中，在曼妙幽静的池塘月色下，我自顾自地撒欢儿疯跑；感怀爸爸在走南闯北的列车上，肩扛200斤的大米袋，回到家后写上乡亲的名字后我和哥哥便挨家挨户地送，这些鲜肉、大米、黄花鱼在我们那里是很难买到的。

遥想在日本人疯狂投下炸弹的恐怖里，妈妈和家人从繁华热闹的重庆磁器口颠沛流离到茫茫山间，身背到现在都令我难以想象的装满数十斤柈碳的背篓，翻山越岭到镇上换来自己的学费；感怀妈妈在乡间教师的鼓励下走出莽莽大山，到泸州医士学校懵懂求学，毕业后被分配到小镇的医务所，梳着两根乌黑及腰的大辫儿奔波于山间。我常能想起：搬到城里后，妈妈在医院里、患者家里、厨房里忙碌的矮小而倔强的身影；我们兄妹三人在大院中追逐蜻蜓、嬉闹玩耍，度过无忧无虑的童年；妈妈为追逐梦想，在我们随爸爸去了江南小城后独自承受着艰辛与疲累，在原来的城市里执着追寻。

如今我回到家后，妈妈还会像我小时候那样，把家里的各种零食放在我面前，把苹果和鸭梨削成小块送到我的嘴边。回到家，妈妈时常疼爱地拦住我切菜、做饭、扫地、洗碗的双手，而我看着妈妈满头的银发，心想"妈

妈,儿子大了,您却老了"。妈妈总是殷切地询问叮嘱我生活中的琐事,"多穿点,外面起风了",这些温情的话语常在我的耳边回响。妈妈和爸爸退休很多年了,直到现在每天晚饭后仍然坚持在校园里的操场和山间散步。很多退休的老职工甚至还有学生时常会围着妈妈聊起她的医者仁心。妈妈也时常因为那时医院桌子旁自己的患者比别人多而感到自豪,跟我絮叨着那种被人信任的感动,还不忘嘱咐我们"被别人记住的不是你这个人,而是你曾真心为他们做的事"。

还记得,8岁时,我在家门口和几个小伙伴嬉戏,一个大点儿的孩子嗖地夺过我手里的弹弓,欢叫着向我挑衅。我愤怒地猛追起来,但是他围着煤堆灵活地闪躲。我气喘吁吁地望着他手里我那心爱的弹弓,就气急败坏地从地上捡起土块朝他扔过去,发现他捂着脑袋蹲在地上哭泣,手里的弹弓旋即弹落一边。我不知哪来的劲儿,嗖地跑过去迅速捡起我的弹弓,一溜烟儿跑进家门,砰的一声关紧大门,心里怦怦直跳。不一会儿,就听到砰砰的敲门声,还有在门外不停啜泣的他和他涨红着脸的爸爸。一番道歉之后,爸爸狠狠地关上门,铁青着脸,一把把我拎起来按到床上,在我的屁股上留下了红红的掌印。这是我平生第一次被爸爸痛打,即使旁边有妈妈遮挡的双手,也无法减轻我的疼痛。永远不会忘记那次爸爸的巴掌拍在我屁股上的疼痛,虽然唯一,但永记心间。

回悟童年:每个人都没有选择出生于何时何地的权利,更没有选择双亲的可能。然而你如何成长、如何成人就像我们大家说的那样,从你成为生命的那一天开始,你仅仅只是一张白纸,你无法决定自己的出身、家境、贫富,而每个人的童年被赋予的都会不同。父母给了我们生命,我们都会觉得应该得到悉心的抚育,孩子就是应该被给予的。但父母能给予孩子成长的一切并不是孩子能决定和改变的,因为孩子根本没有决定的可能。

父母就是让自己的孩子所接受教育的第一决定人。也许你并不显赫、并不富裕、并不博学,但为人父母就意味着承担责任,不只对自己、对妻子,更有对孩子的责任。在父母的笔下,一张崭新的白纸上所画第一笔的好与坏取决于父母,这一笔对孩子来说又是最重要的。这一笔是被孩子

第一章　我的幸福童年

当作刻骨铭心的爱,还是被当作不堪回首的恨;是让孩子享受你们创造的幸福,还是让他承受你们制造的痛苦;是竭力改变自己曾经的不幸,还是毁掉孩子的童年,甚至一生。说到选择,孩子永远无法选择或改变父母,只能通过自己的努力改变命运。然而父母在孩子童年的时候所给予的,对孩子的一生却是最重要的。

感谢我的父母抓住了改变命运的机会,因为他们的奋斗让我有了幸福的童年,让我有了对人生的美好追求。童年的记忆可能是瑰宝,抑或梦魇,对每个人来说都是无法忘怀的。在你需要被父母哺育的时候,能被记忆的应该不只是面包、窝头,还应该有父母对孩子的人性和人格培育。人生感悟、思想境界、行为习惯等,这些也是父母必须教给孩子的。没有人能重返童年,无论它是阳光满满,还是阴霾笼罩。我们应该感谢父母给予的一切,因为他们给了我们生命,也给了我们幸福或是痛苦的记忆,也才让我们更铭心刻骨。但要知道,改变自己才是改变命运的开始,因为今天你是孩子,明天你也会成为父母。

什么是好,什么是坏,也许只是父母告诉你的一种感觉,而且那时可能你还很懵懂。慢慢地,你学会了自己感知这个世界,一点点地记住什么事可以做、什么事不能做,虽简单但深刻。仔细想来,其实父母曾给予我们的,不只是丰盈的吃穿用度,还有正确与否的世界观、人生观和价值观。最大的财富永远不是能看到的"财富",因为看得见的财富随时可以付诸东流。你一生中的每一天虽可能平淡,但只要你过得丰富充实,这就是你一生最大的财富。

第二章 我的青春岁月

导言：青春岁月像烈焰一样轰轰烈烈、一晃而过，但匆匆的青春岁月恰恰应用饱蘸的激情来燃烧，去寻找、去书写自己想要的青春。

记得我上高中时，爸爸对我要求很严，经常会在我对面坐下研究他的学问，而我将自己喜欢的小说用教科书皮包上，心安理得地坐在爸爸对面津津有味地读着。

自小爱读小说的我，为了避免父母的监督和责骂，也干过危险的事呢。有一次，爸爸出差在外，妈妈去医院上夜班，我爬上床用被子蒙住头，把拆掉灯罩的台灯放在被子里畅读《水浒传》。据多年来与父母玩"猫捉老鼠"的经验，我知道妈妈肯定会中途回家，在楼下查看窗前是否有未熄的灯光。结果，我看着书就睡着了，一直亮着的灯将被子烤出了一个大洞。睡梦中的我惊醒后从床上跳下来，顾不得屋子里已充满的令人窒息的烟雾，光着脚跑到厨房端起一盆水便向被抖落在储藏室门旁已烤出大洞的被子泼过去。这次是太危险了，现在想想还心有余悸。

参加高考的前一天晚上，我跑出去踢足球，将近8点才回到家。爸爸没有对我发火，而是"平静地"催我吃晚饭。我洗漱后就睡觉了，第二天准时参加考试。在收听刘兰芳老师的《岳飞传》时，我得到了被马鞍山钢铁学院（后更名为华东冶金学院）机械工程系机械制造专业录取的消息。爸爸知道后也只是点点头，嘴角略微有了一丝笑意。

1983年的那个夏天，我迈入了大学校门。进入大学后，我的学习乏善可陈。大学生活中有欢乐，也有苦痛。因为自小父母的呵护，还有学习上的畅通无阻，所以我身上的孩子气还未褪去。在大学生活的第一年，我被

班主任指定当了班长,踌躇满志,不分轻重,荒疏了本应精进的学业,最终因两门功课不及格而灰溜溜地下岗了。不过还好,在父母的督促下,我能很快找到自己努力的方向,始终将学业放在第一位,通过此后几年的认真学习顺利毕业了。

在学习中,我慢慢地形成了自己的学习习惯。上课时,我笔记本的左侧记的是老师讲解的板书内容,右侧写的则是自己对学习内容的理解。上课时全心投入,放学后学习轻松,换来的虽不是自己最满意的结果,但也算是实现了自己的愿望。

在担任班长的时候,有一次系里组织学生干部春游,去当地的风景名胜采石矶游玩。传说唐代大诗人李白在采石矶头临江处,被江中的月影触动,为抓住那缥缈的月仙便纵身跃入江中。另有明代开国大将常遇春与元军激战,飞身跃上矶头的礁石而踏出无人能及的大脚印。中午聚餐后,我们在灿烂的阳光下绿油油的草坪上嬉戏。有一个同学带了足球,这引起了大家运动的兴致。我自告奋勇当守门员,几个飞身鱼跃后就成为大家关注的焦点,从此走进了系队,又迈进了校队。拼命三郎一样的性格,足球场上毫无顾忌的飞奔,使我尽情释放了平静表面下隐藏的无限激情。无论春夏秋冬,雨雪中足球场上的狂奔都能使我兴奋和畅快。

大学毕业后,我在马鞍山传动机械厂工作了15年,主要从事设计、工艺和产品销售。应该说我在大学里并不是一个出类拔萃的好学生,但被分配去的单位非常突出。厂长是清华大学1962年毕业生,温州乐清人,思维敏捷、个性张扬、疾恶如仇、开拓进取。他非常重视人才的引进和培养。在我们这样一个有500多人的机械加工制造中型企业里,当时竟然有来自麻省理工学院的博士,重点大学的硕士生也不在少数,还有100多名大学生的人才储备。我厂在当地可以说是鹤立鸡群。厂长对在职教育十分重视,还从我的母校聘请外教,定期为我们讲课。金发碧眼的戴安·朗小姐是美国斯坦福大学的毕业生,是华东冶金学院最早签约支教的外籍教师之一。

记得当年考大学选专业的时候,父亲曾语重心长地对我说:"男孩子

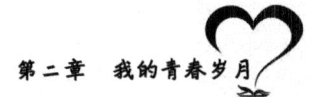

学工科,第一好找工作,第二能拓宽自己的思维。"直到30多岁时,我才真正体会到父亲这句话的真正意义。的确,一切被我们征服和使用的"物",从表面上看它们是冰冷的,没有生命的,但只要你真心赋予它"生命",它就有了"生命",与你交流,为你服务。制造假冒伪劣产品的最大罪过,就是对"物"的生命的无视和滥用,让使用者付出惨痛的代价,甚至生命,而那些制造者必将被世人痛骂。

我先在设计科从事机械产品——十字万向联轴器及各类减速机的设计工作,后到工艺科从事产品零件的工艺、工装编制和设计工作。可以说在几年技术工作的锻炼中,个人业务能力提高很多。厂长非常重视文化建设,不仅组建了厂足球队,而且非常愿意出资给我们购买相应的装备。比如,厂足球队队员每人都有一双金杯牌足球皮鞋和三套运动服,这在当年是非常令人羡慕的。厂里每年都举办新春联欢会,这给很多年轻人搭建了展示才华的舞台。厂里还聘请了专业的舞蹈教师,对我们进行专业的训练和培养。1987年,我所在的厂舞蹈队在市舞蹈大赛中获得了冠军。那几年的美好时光至今令我无法忘怀。

正是因为这次舞蹈大赛,我有了更多接触社会的机会。教我们的舞蹈老师非常欣赏我,特地请我在业余时间到市文化宫的娱乐中心兼职调酒。在那里,我有更多的机会目睹改革开放后的各种新现象。在那几年里,我负责购买所需的洋酒、酒具和配料,潜心研究调酒技术,自学成才,不久后就可以调出千余种鸡尾酒和饮料,并不断推陈出新。可以说那几年的经历让我对社会有了全新的认识,但我始终认为经历并不是最重要的,重要的是从经历中所获得的成长、思考和积累,这才是关乎个人未来发展的。

1991年,我提出调入国内销售部工作的请求,因为我在多年技术工作积累的基础上,希望能有机会到更广阔的社会实践中磨炼自己、提升自己。在上大学时,我非常腼腆。虽然担任班长,但我与男同学交流都会红脸,遇到女同学更是连话都不知道怎么说。虽然那几年我的胆量、交际能力、认知水平等已大为改观,但我认为这些进步还不够,还需时日和机会

继续锻炼。我也向厂长表达了自己的想法,大学生进入工厂、进入社会,并不是人生磨炼的结束,而仅仅是开始。产品销售的最高境界是物化的产品必须附着人性化的交流和联系,这也是我对产品销售的至高境界的理解。像我这样有专业知识和实际历练的技术人员,不只是年轻,有闯劲,还有对产品制造、工艺等全面的理解。厂长听后并没有当场表态。出乎意料的是不到一个星期,我从技术科调到了国内销售科。后来,又有13名大学生陆续调入销售部门。

在整整6年的销售工作中,我的足迹几乎遍及全国各地,在销售产品和技术服务过程中我经受了很多磨炼。每年有长达半年以上时间,我都是只身一人到全国各地销售产品。这些经历和磨炼有时虽使我筋疲力尽,但也极大地锻炼了自己。在销售工作上,我现在想想并不算成功,但历练无数。从无目的地瞎跑,到有目的地寻求突破;从误入轧钢机地下的油池仍完成测绘的不懈坚持,到驾轻就熟地与人交流洽谈;从茫茫大山万丈深谷边的惊心动魄,到用双脚丈量大地的畅快和执着;从头戴铝盔穿行厂房与工人交流技术和产品的相关问题,到秉灯长思如何与厂方高效交流拿到订单。我慢慢地变得成熟,慢慢地感受自己的成长。通过自己的努力和用心工作,我赢得了客户的尊重。在工作中,我还结识了很多生活中的朋友。

与他人不同的是,经过深思熟虑后,我一改常人的产品销售思路,选择未使用我厂产品的厂矿车间进行深入调研,同一线工人师傅直接交流,询问他们使用同类产品的感受,然后带着精心准备的第一手资料,去和有产品使用签订权的部门进行细致深入的交流,展示自己产品的优势,为对方提供产品、技术的专业指导和服务。也许很多人都难以想象,许多钢铁冶金企业的分布地域广,而且面积大得令人吃惊,地处偏僻,但多年来我的足迹留在了不同企业的厂房、车间里。

1991年深秋,那是我平生第一次独自出差,到四川成都无缝钢管厂、重庆特种钢厂谈业务。由于我厂跟四川崇州市(原崇庆县)的一家小厂有业务关系,而且成立了一个相对松散的办事处,以处理西南地区的业务,

第二章 我的青春岁月

因此走之前厂长特地叮嘱我相关事宜。为了节省成本,也为了磨炼自己,我这次和其后的好几年时间里出差基本都是购买火车硬座票,而且客观上也能快速及时地赶到目的地。那个年代可不像现在这么方便,现在能从网上预订车票,给人们的生活带来太多的便利。不知有多少次,我着急赶路购买无座车票,站在车厢连接处挨过酷暑严寒,车厢里到处污浊,到处是拥挤不堪的乘客。我甚至能在过道里站着睡着,熬过了一个个漫漫长夜。结束漫长难熬的38个小时的旅程,我终于到达成都,来到当地办事处的办公室。杨厂长亲自迎接,并安排我住在一家小旅馆里,不远处便是繁华的成都盐市口。通过介绍,我认识了厂长的几个下属,并很快和他们成为朋友。四川人、成都人的豁达亲切让我感到非常暖心。很快,我在成都无缝钢管厂处理完工作,准备赶往下一站重庆。

杨厂长为了我以后办事方便,决定带我及办事处的三个同事租车一起前往重庆。租到一辆夏利车后,加上司机一共六人的"远征"部队在晚上出发了,准备经一夜500公里的长途跋涉赶往重庆,预计第二天早上赶到重庆特钢厂办事,那是1991年11月一个阴冷的寒夜。一路颠簸中,我们四人在后面肩挨着肩,挤得昏昏欲睡。在刚出成都的龙泉山上,我们的车突然停了下来。大家从恍惚中醒过来,连忙问司机怎么回事。司机说:"车可能出了问题。"我们下车一番检查后,却不知为何。这时,一束灯光照在我们脸上,一辆夏利出租车突然停在我们车后。原来,我们车的司机是个新手,第一次开夜车出远门。他的师傅不太放心,为了以防万一,一直开车跟在我们后面。一番折腾后,我们在寒风里告别他的师傅继续前行。不知不觉中,车再一次停了下来。司机一番检查后,双手一摊,无奈地说这下真没办法了,车走不了了。我们只好在车上等待天明,然后搭车赶到前面最近的县城——资阳,找到长途车站坐车返回成都。

回到成都,隔了一天,大家休息好后,黄昏时我们又一次租车开往重庆。这次一切顺利。凌晨4点多钟,我们就赶到了离重庆很近的温江区(原温江县)。由于太早赶到重庆,所以厂长带我们先去吃早饭。看到球溪河边上的一家小饭店正打开门板,准备起火做饭,于是我们停下车,和

店主人说着话走进去。店主人赶紧介绍:"不好意思,刚刚开门,没得好多菜喽,不晓得你们要吃啥子?有球溪河里的草鱼还在池子里养着,要不上我们这里的特色菜——酸菜鱼?"厂长说:"要得,我晓得这是你们的特色,赶紧去做吧!"当热气腾腾、香气扑鼻的酸菜鱼端上来时,我们真是垂涎欲滴,急不可耐地大快朵颐,连汤汁都没剩一口。至今都不会忘记第一次出差的经历,尽管惊险,却让我这种没有离开过家、没有离开过父母的年轻人,有了永远难以忘怀的人生第一次。

又一次,我从昆明出差回来,乘坐昆明到上海的列车,准备先到上海再赶车到南京,然后再到马鞍山。长达52个小时的漫漫旅程令我疲惫至极。到上海站下车后,我并没有出站,而是在人来人往的站台上寻找开往南京的最早列车,想尽快赶回家。我找到了上海开往乌鲁木齐的列车,急忙询问打扫卫生的列车员,得知即将发车,于是匆忙上了这趟车。不一会儿,站台上人头攒动,旅客们纷纷检票上车。这时,我透过车窗看到一对中年夫妻,女子搀扶着一位老年妇女,而男子则推着一辆上面坐着一位老年男子的手推车蹒跚而来。我马上跑到车厢门前,帮助中年夫妻将两位老人搀扶入座。安顿好行李后,那对夫妻诚恳地请求我和旁边的几位旅客,能否帮忙照顾两位行动不便的老人到南京站下车。我们毫不犹豫地答应了。原来这对夫妻是来上海打工的,他们的家位于南京远郊,好像是一个叫三岔河的地方。他们并不同自己的父母一起回家乡,所以拜托我们在旅途中帮忙照顾年迈又行动不便的两位老人。在交流中,我知道了座位旁刚才也应承的几位旅客是南京人,到上海出差后准备回南京。那趟列车全程对号,到苏州时我已没有座位了,只好又站在车厢的连接处。几个小时后,列车到达南京站,在我们的搀扶下,两位老人被安全送到站台上,但这时几个南京人行色匆匆、不辞而别,留下我和两位孤零零的老人。由于我还不能出站,要寻找开往马鞍山的列车,于是找来一位站台工作人员,把老人的目的地告诉了他,托付他一定要安全地把两位老人送出站。我转念一想,两位老人腿脚不便,家又在农村,如何才能安全到家,于是从口袋里掏出所剩不多的30元钱塞给他们,嘱咐他们出站后和出租车

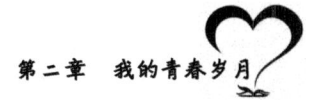
第二章 我的青春岁月

司机说清楚，打车回家。有时想想，自己也有老去的一天，如果你是那两位老人，一定也希望能得到热心人的帮助吧。

一个深秋之夜，我从贵州赶往湖南，天已很凉。在硬座车厢里拥挤的旅客中，我注意到离自己几步远的一个小伙子非同一般，虽然只穿了一件白衬衫，个子不是太高，但他的眼神里闪烁着一道寒光。长夜中，污浊的车厢内，旅客们或趴或斜，或倒或歪，伴随列车有节奏的轰隆声，都进入了梦乡。突然一阵嘈杂把大家从梦中惊醒。睡眼惺忪中我看到，不远处一个小伙子的脸上裂开几道带血渍的口子，他的一只手被铐在列车员室里条桌的钢筋腿上，整个身体蜷缩在门口。这时那个眼露寒光的白衣小伙子正低头数落他："刚刚出号子还没几天，你就不老实，还偷！"接着，他大声对车厢里的乘客说："大家睡觉不能太沉，要看好自己的财物。"列车到了一个小站，在乘客们的掌声中，白衣小伙子解开小偷被铐在桌腿上的手重新铐好，拽着他下了火车。

在我6年的销售生涯中，虽然艰险和辛苦相伴，但我知道磨砺始于脚下。记得有一次我送产品到深圳钢铁公司，公司位于深圳蛇口。当时因为是特区，进入那里是需要边境通行证的。由于路途遥远，本单位的货车司机无人愿意前往，只好租用社会车辆前去送货。进入广东后，在粤北的东昌、仁化一带，我才看到了广东经济的真实情况，并不像我们普遍认为的那样富裕。粤北绵延的山峦就像隔世的门禁，从农民们黝黑的脸上丝毫看不出任何喜悦和安详。在盘山公路上，司机拉起手刹将车停放在路旁，下了车默默蹲下，在路边用红土堆起一个小丘，点燃三支香烟插在小丘上，神情落寞地三鞠躬，嘴里默默地叨念着什么。这一切结束了，我才问司机为什么要这样做。他低声说："我哥们儿开着车，去年在这里滚下了山崖。"我望望崎岖的盘山路上默默行驶的车，低下头回到车上。我们的车小心翼翼地启动前行。天刚黑，一辆又一辆车陆续来到深圳边境检查站。在每个通关闸口前，武警们荷枪实弹，正在检查车辆和特区通行证。这时我的司机脱口而出："哎呀，我忘记办特区通行证了！"他赶紧把车停在一旁。很快，几个操着湖南口音的人趴在车窗上询问："要不要通

行证,价钱好商量。"在讨价还价后,司机和他的表弟花了200元,半信半疑地拿到两张通行证上了车。我们顺利通关后,已是华灯初上、星宿满天。三天两夜的行程后,我们终于踏上了蛇口的土地,望着脚下波光粼粼的海水拍打着岸边,那种经历令我难忘。

还有一次,我押车去湖南涟源钢铁公司送货,与单位的司机同行。司机师傅上车前给了我一个任务,在路途中要不断地跟他说话讲故事,以免他犯困。一路上晓行夜宿,第一晚我们夜宿南昌。第二天清晨起来准备赶路时,司机师傅却怎么也无法启动货车,只好从车上拿出摇柄试试发动,虽摇了无数次后大汗淋漓,但引擎依然没有反应。我看着着急,于是下车试试。他看看我,怀疑地将摇把递给我。我插上摇把,几下猛摇后车子发出轰隆的响声,随着升腾的薄薄青烟我们的车启动了。回来的路上,在行至湘西冷水江的大路上,我们正说着话,突然有一群人拦在公路上,一辆辆车被迫停下来。我赶紧跳下车跑到前面,看看到底发生了什么。只听见一群农民对被拦下的过路车辆上的司机师傅述说,他们村里的一位老人几天前过公路时不知被哪辆车撞死了,而肇事司机逃逸,因此为了给可怜的老人操办丧事,村民商量到公路上拦车,向过路的每辆车收取20元过路费。我们交完过路费后又启动了车辆,正说着话突然听到车厢后有铁器发出的响动,回过头一看后面车厢里居然有四五个农民打扮的汉子手里正拿着杠子、铁锹之类的工具。我们对视一下不敢言语,赶紧将车开到前面不远处的一个小镇上,匆匆下车,装作要吃饭的样子走进了一家饭店。等看到几个汉子跳下车离开后,我们才又壮着胆子,匆匆上车离开。一直到南昌,我们才有了在高速公路上奔驰的畅快,心里也感觉豁亮很多。赶到合肥时,天色已晚。我们商量连夜赶回马鞍山。打开大灯时,我们才发现除了两个示宽灯还算正常外,其余大灯都出了问题,干脆不亮,虽检查再三也找不出原因。此时我们已行驶在合宁高速公路上,只能硬着头皮跟在开得较慢的其他货车后面缓缓行驶。下了高速后,在赶往20公里外的和县——马鞍山轮渡港口的时候,一路无灯,车辆极少。我们只能瞪大双眼看着路面,慢慢行驶。等车终于开进了渡口,我们才相互对

第二章 我的青春岁月

视深深地吐了一口气。这种惊险的故事在我们的销售工作中几乎每天都会发生。但不管怎样,自己想要的生活就必须坚持下去,因为你会经受生活的磨砺,从中收获成熟和成长。

一次去广西南宁出差,由于当时南宁还没有到昆明的火车,我在南宁办完事后只有回到柳州转车才能去昆明,因此下狠心买了一张从南宁飞昆明的飞机票。因为那时单位规定,不经领导批准,除了特殊情况,是不允许搭乘飞机的,否则回厂后不予报销路费。当我来到机场坐上图-154型客机时,才体会到什么是方便快捷。在昆明办完事后回到家里,我打开路上还没来得及看的报纸,猛然看到头版里的重大消息:一架图-154型客机在西安坠毁,机上160名乘客无一生还。我赶紧仔细阅读详细的内容,结果才知道它就是我两天前乘坐的那架飞机,心头顿有劫后余生之感啊!

在真实的社会中,欲望和诱惑无处不在,甚至邪恶。其实,营销产品也是在营销自己,因为产品是企业物化积累的集中体现,而销售员是产品活化的推动者。社会中的各种诱惑无时不在、无处不在,考验着每个人理智和道德的底线。灯红酒绿,欲望横流,浸淫其中,很多来自农村的同伴迷失了自我,对金钱的追求往往也催生了生活中的无度。这些年,社会现实中的光明和黑暗都让我体会至深,我自豪并保持着应有的清醒。虽然过去很多年,但回想起那时的一切,仿佛就在昨天。

回到生活的城市后,我白天工作,晚上去做兼职,继续为实现自己想要的生活拼搏。父亲说我学无所长,母亲问我有何收获,我说吃苦对每个人来说都是磨炼,因为自己还有明天。1997年,厂里换了领导。而后来上任的厂长是与我同龄的大学生,面对每况愈下的企业经营状况,束手无策,勉强维持。我有所感触,深入思考,写下了万言书,对厂里的生产经营提出了独到的看法和建议,希望利用现有资源找到新的生存发展之道。直到今天,我仍因当时自己建议的前瞻性感到自豪,而且这些建议如今都变成了现实。我建议充分利用闲置的礼堂和其他硬件设备,对内或对外招标,承办诸如洗浴城、出租车队等多种经营项目,甚至提出出租车服务对象和服务内容、拓展公益性服务等特色,打造文化品牌,盘活资源,分流

职工,使一线工人在生产岗位上安心工作,改善人浮于事的生产经营状态,拓宽职工和家属的生存之道。厂长虽赞扬有加,但终因经营体制等问题未能实施。至今,我还记得报告中的最后一句话是"只有自己才能救自己",因为这不但对每个人来说是重要的,而且对每个企业的发展来说更是如此。没过几年,马鞍山的出租车行业迅速发展,"洗浴文化"更成了一张城市名片。在经济体制改革的大潮中,曾经盛极一时的马鞍山传动机械厂在几年后被私人买断,变成了私营企业。望着窗外,我曾经为之付出15年辛勤汗水的厂房已荡然无存,取而代之的是拔地而起的高楼住宅。一个曾经辉煌的国有企业就这样衰落了,实在令我痛心惋惜。

1994年,我的女朋友离开原来的单位去朋友开的大酒店做经营管理工作,后来又开办了自己的酒店。这让我有机会对社会的另一面有了认识和体会。肉山酒海让我顿悟了业务洽谈背后的"精髓"。由于没有喝酒的习惯,我曾无数次从众人醉酒后的喃喃自语中窥见了别样的人生,这也更坚定了自己的信念。有的人可以这样活着,有的人却是那样生活,但我选择表面应付、心灵远离的处世之道。

寄语青春,那么多的生活片段,那么多的人生场景,不是人生剧情的简单罗列,不是生命片段的无序堆叠。自己的故事需用自己的生命之笔来书写,描绘生命中的每一个场景,也许它只是云烟一缕、无须追忆,但你曾经追求什么,是否奋斗过,又带给自己什么,都是自己与他人最大的不同。成熟,需要经受风雨,更需要自己去思索。或许颠沛流离、饱经沧桑,但是你在不断成长,渐渐走向成熟,不只是眼前的安逸和平静。磨砺,不只被动接受,更应该主动迎接,接受自己所需面对的,执着自己必须坚持的,改变自己欠缺不足的。不仅有值得自己骄傲的故事,而且在纷纭的世事中品格必将受到锤炼、人性得以升华,享受自己的生活、明晰生命的意义。

走进青春,我们终于开始自己思索人生,成年而并不成熟的年纪,尽管时时会有父母的殷殷叮嘱。思索自己曾经的学习和生活,不管是值得拥有的亮丽,还是总遇阴霾,此时命运必须由自己主宰。自己积累了什

第二章　我的青春岁月

么、能够做什么、可以去做什么、将来可能做什么,宝贵的青春会让你我变得成熟,我们已经不再是孩童。

在思索青春、人生的时候,我发现自己所欠缺的恰恰是对平淡生活中人生的认识。对中国社会的浅薄认识使我成了井底之蛙,而我必须跳出那幽深的井底,磨炼自己,用可以寻求的机遇去实现对自己的救赎。也许别人会认为那是庸人自扰,但此时的自我奋斗难道不是一种人生中可以主动寻找的机遇吗?青春不可能没有失败,但你还有机会去做你想做的事,经历风雨。当步入中年面对自己的孩子时,你才不会有遗憾,才能有自己的故事向他们娓娓道来。

第三章 奋斗在中年

导言：对任何人而言，人生都是一种自我塑造和自我超越。无论现实世界如何变化，每个人的自我塑造都是一种修炼，是你的认知、倾向和改变能否被现实环境接纳和欢迎。

2000年底，我通过招聘考试，回到母校的金工实习厂工作，也就是现在的创新教育学院（工程实践与创新教育中心）。这时我已33岁。有所得，必有所失。我在机械厂工作的15年，只获得了工程师职称，但那是制度的规定，我是大专学历。我知道，要想在高校立足，学历是必不可少的。

2001年，我充分利用课余时间自学，顺利通过了母校计算机科学与技术专业的专升本考试，三年后拿到了学士学位。身为高校教师，从周一到周五我做学生的老师，晚上和周末又做老师的学生，但对于这种生活状态我乐此不疲。虽然我的学习经历不像很多人那般辉煌，但这也正是成就今天的自己的基础，难道不是吗？每个人，不管你在哪行哪业，要想立于不败之地，就必须努力做好必须做的事，不断提高自己。打一个简单的比喻，如果把中国社会选拔人才的机制看作一把刀，你要想一生不被砍到而肉疼，就必须不断地提高自己，永远督促自己做到最好。而对教师而言，学历是不断提升自己的必由之路，职称资历、学术研究、科研成果的不断积累，都是非常重要的。如今高校聘用人才的门槛太高，已经到了非博士不要的程度，即使一般高校毕业的博士也没有多少入门的机会，更不要说所学专业的选择问题。我所在的大学也是如此，现在有机会进入高校的教师的教育背景必须是名牌或重点高校的博士。我校更是做出规划，到2020年全校具有博士学历的教师人数将从400人增加到800人。更现实

的情况是,曾经给博士生的优惠政策,如安家费、科研经费等,在近年人才的层层引进后已经不复存在。以前那些顺理成章的职称上升通道已经再也行不通。思索眼前的一切,唯有做强自己,才能让自己立于不败,毕竟我处在人才的高度聚集区。

在本校的本科学习期间,具有教师和学生双重身份的我,做了一件非常有意义的事。在担任本科班委和研究生班长的不同学习阶段,我们买了暖壶放在教学楼一楼的传达室。每天上课前,我们最早赶到学校,从传达室大爷那里拿走水壶打好开水,拿上教室的钥匙,把多媒体、电扇打开调试好,等待老师和同学们的到来。上完课后,我们再把教室恢复原样。由于我的同学大多是有工作、有收入的,在这六年时间里,在学期结束考完每门课程时,我们都会组织代课老师和我们一起聚会交流,以加深师生之情。在那段时间里,这样的生活和学习更令我终生难忘。全班共有来自事业单位、厂矿企业的52名同学,而我从曾经的懵懂少年变成了班里年龄较大的学生之一。第一学期结束后,我向班主任(我校继续教育学院副院长)推荐了一位只比我小一两岁且是中学教师的同学当班长。在班干部的共同努力下,全班同学同心同德,一起努力。在毕业时,我们的班主任说过一句话:"像你们班这样学习和交流的,可能在我们学院是前无古人后无来者的。"我们的班长每节课都将收录机的话筒放在老师的讲台上,即使自己有事晚来,也会将收录机交给其他人录制课程,可以说在那三年的学习中这件事是始终如一的。每节课上,全班至少有35个人来坚持听课。课间课后,班长和我们除了记笔记,而且结合录音将老师全部的讲课内容汇总起来,画出重、难点,整理打印后发给每位同学,并建了专用邮箱,在邮箱里相互交流并解决学习中遇到的问题。在每学期期末考试前,几个要好的同学组成学习小组,在班长工作的学校机房里调试计算机程序,检查问题,并且由学习较好的同学解析难点,答疑解惑,直至天明。很多同学说,有好多年没有这样的精神凝聚和释放了。至今我们聚会时谈起当年的同窗岁月还津津乐道、感慨万千。毕业时,全班参加学位考试的14名同学,有13名同学顺利通过,并取得了学士学位。

回到学校,与新同事一起工作,由于有很多与他们不同的经历和积累,我能很快适应新的工作和环境。刚到新单位,我就能发挥自己的长处,帮助同事在当时竞争比较激烈的华东区钳工技能比赛中初露锋芒。我精心准备全套工艺文件,提醒同事注意把握比赛的细节。最终,同事在比赛中出色表现,获得大奖。原来,大学生金工实习教学在高校教育中一直被忽视。随着时代的变化和发展,大学生工程实践和创新教育越来越受到高度重视。原有的师资队伍、教育教学水平层层推进的软件建设,教学设施和设备的硬件不断更新改造,使工程实践和创新教育中心的成立和发展成为必然。但是,大量闲置的教学设备并未密切结合教学实际、简单的工程实践教育意识和套路,甚至那种工作和生活态度都让我如坐针毡。而从每个中国孩子所走过的教育之路来看,缺乏依托实践的历练是再明显不过的现实。

2005年11月28日,是我人生的一个重要节点。清晨,我从楼上下来,去车棚取我的电动车准备上班,猛然眼前一黑,眼前仿佛突然被一张帘子遮住,视物已经模糊不清了。不知道是哪里来的力量,我并没有停住脚步,仍然强忍不适艰难地骑上车。去学校路上发生的一切,至今我都毫无印象。现在想来,这是我人生的幸运。因为我没撞到别人已经是万幸,而别人没撞到我,让我变成一具焦尸,难道不是一种更大的幸运吗?不知道自己是怎么到了单位的办公室,我一头趴到桌子上,仿佛进入了梦乡。到了下班时间,妻子看已近13点,我还没到家,赶紧打电话给我,但是没有人接,便焦急万分。她联系我的父母后,赶紧打车赶到我的办公室。他们先后赶来时,我已经趴在办公桌上满面通红,不省人事。他们跟我说话,我也没有反应。接着,他们赶紧打车把我送到马鞍山红十字医院。医生给我打了强心针后,他们发现我对刺入的针头虽有一些反应,但仍然人事不知。在医生的叮嘱下,他们又赶紧将我送到马鞍山最大的人民医院急救。被推进病房的三天三夜里,我毫无知觉,没有哪怕一点点记忆,被换到几个病房后都没有知觉。

后来,我被送到南京军区南京总医院进行一系列诊断治疗,最终确诊

为急性脑梗死。医生说如果再晚一点发现,不送医院急救,可能我会永久失去记忆。在妻子的精心护理下,我胖了,她瘦了。一周后,我慢慢恢复了知觉。妻子除了精心护理外,还听从医生的嘱咐,每天带我到医院的花园里散步,盼望我能尽早恢复记忆,回到正常。两周来,每天早上妻子带着我到医院对面的餐饮店吃早餐。为了恢复和锻炼我的记忆力,妻子每次都会在吃早点时反复叮嘱我要记住所吃食物的名称,回到病房再问我早餐吃过什么。但有很多次,我都无法将刚刚吃过的食物全部想起来。我甚至不记得家里的电话号码,而这样的简单记忆对我来说曾是烂熟于心的。后来妻子告诉我,当时我一旦回答不出,就会傻傻地笑。

妻子为了锻炼我,悄悄地跟在我的后面,要求我自己走到离医院不远的岳母家。一天,我在路上碰到曾一起打球的朋友,他们看到我当时的状态感到非常惊讶。后来他们跟我说,当时我目光呆滞,不知所云。确实,长达一年多的恢复期,我始终无法控制自己的舌头,讲话时口齿不清。朋友们认为我这辈子肯定再也不能打羽毛球了。

后来,我终于能出院了。在回到家的那几天,我对已经静止的生活感到手足无措。记忆在缓慢恢复中,我和妻子商量,不能就这样静止下去,必须重新投入到工作中。可以说,那一年里恢复记忆之艰难让我终生难忘。课前原本烂熟于心的授课内容,如今已支离破碎。我就强迫自己反复备课,从记忆简单的学生姓名开始,缓慢但坚定地继续前行。一年多的艰辛努力让我大半恢复如初。我的记忆力虽大不如前,却仍斗志昂扬。现在想想,为什么我能基本恢复健康?除了长期坚持运动换来的虽不魁伟却强健的体魄外,更多的是我对生活满怀希望和人生信念的支撑。人的精神,那道至上境界的光芒,让我更加坚定,让我更加热爱生命。因为精神的力量是无坚不摧的。

2006年,我已39岁。虽然处于恢复期,但我想进一步提高自己,便决定参加全国工程硕士统考安徽区的考试。父亲考虑我当时的身体状况,问我是否有能力、有必要去参加考试,但我坚定地点点头,自己认定做的事,无论多难都要坚持下去。虽然那种记忆艰难的痛苦让我终生难忘,但

自己真心想做的事让我奋发图强。通过短短几十天的艰苦复习,我终于考上了母校电气信息学院的电气工程硕士。2010年,我顺利毕业拿到了工程硕士学位。

读完硕士学位后,我筹备了谢师宴,邀请所有代课教师和学院领导参加,还邀请了原电气学院院长现为副校长,不单单为自己,更为了所有老师能有和老领导畅心交流的机会。因为大家聚在一起说到特别感怀老院长的魄力和气质,我立刻决定联系他。虽然他不认识我,但在与他的交流中我介绍了自己和请他来的目的,他竟然爽快地答应了。当天虽然他有很多重要的工作等着处理,但仍坚持说只要处理完重要工作就一定赶到。我执着地认为,社会需要沟通,人需要沟通,更需要心灵的沟通。人与人的交流,只想只看自己,不想不看别人,沟通何以得显,和谐何以得现。

因为过去长期在国有企业工作,工程技术人员对职称的认识并不深刻。1996年,我在企业里获得了工程师职称。按照当时的人事规定,大专学历要在毕业20年后才能参加高级职称的评审,而且当时企业的职称评审并非每年都有。在学校里,职称晋升的重要性不言而喻。原来单位的同事也来到母校工作,因为他们是本科学历,在来学校工作之前虽都刚刚评上高级工程师,但属于人事调动。而我是中级职称。为了能够回到母校工作,我只能参加人事招聘考试,并以人事代理的身份开始工作。虽然经过努力,我相继完成了本科、硕士阶段的学习,具有高级职称的评审资格和条件,但从2008年开始学校人事编制的控制非常严格,按照教师人数的职称比例严格把控,因此参加副高职称的评审变得异常艰难。通过逐步摸索,虽然我很快找准并摸清了职称评审对硬件的要求,在很短的时间内发表了相关论文10余篇,参加了几个来之不易的科研项目,但到底应该按照哪个系列进行评聘,学校人事部门也没能给出明确的答复。直到2010年,学校终于确认了实验实习教学部门的地位,最终确定我应该参加实验教学岗位的职称评审,并且需由机械学院代评。2011年,通过难以想象的努力和辗转,我终于突出重围,评得了"高级实验师"职称,虽然心里是五味杂陈的。到了这个年龄,我仍在思索是否还应在学历上提高自己,

读到最高,而且到现在还没有专攻自己喜爱的社会科学、文学研究。所在学校的工科背景和自己的年龄、身体状况等又让我思忖再三。世俗也许"可恶",而且改变自己也并不是那么容易。

最近几个学期以来,我发现目前学生们的态度,不仅是学习态度,而且在生活态度上的问题异常突出。上午在大班刚刚讲过的教学内容,下午在小班提问时竟然没有一个同学能回答出来。这种状况不能不让我深思"为什么"。我思考后决定,在大课上对该掌握的知识点加强提醒和详细讲解,明确要求同学们记住有关概念和简单理论,并且用更简单易懂的语言对学术概念、理论发展进行深入浅出的剖析,但结果仍有将近百分之百的同学毫无记忆。我冥思苦想,寻找改变这种现状的办法。

举个简单的例子,在金工常规实习中,为了分析总结典型零件的机械加工工艺过程,提问"加工了什么典型作业件",仅答出"鸭嘴小锤"即可,竟然无人知道。如果再问"经过哪些加工工艺过程",就不要期待有人站起来回答了。金属材料的六个力学性能指标共有16个或14个字的内容,我在上大课时反复强调下午小课教学时还要提问,竟然还是无人应答。即使在初中时就学到的应该记住的物体、材料变形的种类,也无人知道。当然,不排除有些同学知道而不愿回答的可能。但从他们的眼神中,我可以判断这种可能性是微乎其微的。那么,请同学们扪心自问:我们到底在做什么。参加我校工程实践学习的学生都是一本生,所以出现这种现象确实难以理解但必须改变。

我常和同学们说,大学四年教育的外在结果是学历证书的取得,而那只是毫无差别的宏观体现,只是学历证书上的名字不同而已。但人与人受教育后的真正区别是独立的思维、健全的人格和自我成长,然后才是谈及能力。没有多少人能够记清每个教学阶段所学全部知识的具体内容,但独立的思维、解决问题的方法等却是每个人在学习后应该掌握并能运用的。当时大学生金工实习教学在高校中一直被忽视。

2007年,由于一位大学同学的推荐,我有机会利用课余时间到马鞍山工贸技师学院(原马鞍山市技校,现为马鞍山职业技术学院)代课。本来我到那里是做评委的,听他们的教师上课,然后打分评价。我下课后都会跟讲课教师进行交流,提出对他们所讲课程的意见和建议。这时,其他评委会成员在一旁静静地听着我们的交流。第二天下午,我去学校教务处上交评审表。迎面走来一位老师喊我后面的一位女评委"刘院长",我才知道她是这里的副院长。副院长提出想跟我做进一步交流。在交流中,我说"刘院长,您坐",但她没有坐下,一直站着听我讲了很长时间。最后,她向我提出了一个请求:希望我能利用课余时间到他们学校代课,以给其他老师做出示范。我当即答应下来,因为人生的挑战无处不在,只要你想去迎接。

在去代课之前,我想到了职业教育与高等教育的不同,并在各方面做了充分的准备。我没有把这当作赚钱的方式,而是把它看作审视自己、检验自己的又一个机会,相信挑战自我、征服自己才是人生的真谛。

第一学期我带两个班,一个班是全省招生的高中班,另一个则是马鞍山当地招生的初中班。初中班有37名学生,其中4名学生在入校军训的时候就被教官称为"四大天王"。4个孩子中,有一个孩子的打扮非常奇特,额前飘扬着一缕金发,鬓角全无,两鬓分别向后理出三条线,个子不高,皮肤黝黑,但非常健壮,晃着身子走路。从第一眼看到他,我就断定他原来肯定是练过摔跤或柔道的。后来我问他,他回答说原来在马鞍山少年体校摔跤队训练。但我意识到,他肯定不是"四大天王"之首,一定另有其人。那个孩子外貌英俊。为什么不说俊朗呢?因为他并不坚毅,而且主要是他的眼神中透出一种迷离。我很快断定,他毫无生活规律可言,而且一定来自单亲家庭。后来在我们熟悉后的交流中,他告诉我确实如此,父母早已离异,随父亲生活,父亲没有工作,但每天都给他钱花。他买了很多名牌服装,整天和一帮朋友吃吃喝喝混日子,晚上经常狂欢至凌晨,所以上课时趴在课桌上睡觉。我认为,虽然他的行为习惯不好,但他不一定真是不可救药的。

那个学期,我在这个班讲授金属材料及热处理课程。他们所用的教材是劳动与社会保障部中职学校规划教材,内容较为简单,全书不过130余

页。我在给他们上课之前,做了较为充分的准备。在上第一节课时,我要求全班同学进行自我介绍,有五条要求,即姓名、年龄、初中毕业学校、爱好和将来的打算。在回答爱好时,我特地逐人逐条在黑板上记录他们的爱好,以便进行对比分析,结果发现全班同学的共同"爱好"是上网,而且后面一定跟着三个字"玩游戏"。其实,这也是他们来到这个学校、班级读书的主要原因之一。而我所在的大学里,也会有10%~20%的学生长期沉溺于网络游戏而无法自拔。

我在和他们的交流中,反复强调一点,当你结束游戏从网吧走出来,面如土色,甚至不知道此时是哪一天时,你不一定得到了心意的满足和情绪的释放,却一定会丧失面对现实生活的信心和勇气。世间的一切都是宏观和微观交替变化的过程和结果。态度虽不能决定一切,你个人的形象也许很难改变,但是这样一种生活和学习态度却让你自觉或不自觉地与现实生活和社会格格不入。获得虚拟的饮鸩止渴的一时满足和不断学习积累后走进现实社会所面临的严酷挑战形成一对矛盾。孰轻孰重,自省的人都能做出正确的衡量和自控。当然,从人类社会发展的历史和个人发展来看,对于不自省的人可以通过教育沟通来引导和教育,但有意识却无法自拔的人应该被现实社会淘汰,不值得怜惜,这是社会发展的必然和选择,更是优胜劣汰的自然法则。甘心站在芸芸众生中的最后一排而不愿自我历练改变的人,最终无法为社会所垂青,必将为其所弃。人的天资禀赋各有不同,但后天要有理想、有目标、有信念,不断地努力奋进,才能体现自己存在的价值。人类社会变化纷繁复杂,信息社会已成现实,虽然每个人都会受到各种因素和环境的影响,内因起决定作用,但所受外因的影响过多必然会造成个人的沦陷。现在的学生能真正学到知识的并不多,思维方式简单,缺少尝试成败或自我磨砺的意识,家长、学校和社会的教育目标偏颇,这些必将使原本的人性丧失无遗。北宋文学家范仲淹的"不以物喜,不以己悲"告诉我们一个道理,就是不因外物的好坏和自己的得失而或喜或悲,表现出他的处世深远和胸襟豁达。作为现代人,我们应可以站得更高、看得更远,然而本是人类文明发展到一定阶段的工具、手

段,如计算机、手机等,却控制了太多人的行为和意识,那就得不偿失了。被它们控制的人们,轻则学生上课时的低头沉溺而导致学习方向和人生方向的迷失,重则造成2011年在湖北省某市的大学肄业生王某因长期沉迷网络,家人将其送医救治经8天的抢救仍撒手西去的悲剧。

当我问他们将来打算干什么的时候,全班37个男同学中只有3个人回答了我,其中两名同学的回答很简单,就是毕业以后去当工人。一位同学的回答与众不同,是以后想当作家,给我留下了深刻的印象。这是非常好的理想,可是需要付出的艰辛和努力可想而知。

我在讲课方式和层次上,尝试了粗讲、半精讲和精讲三种方式。粗讲时,我将全书按部就班地从前至后讲完,但会提醒学生这个概念第一次出现是在哪页、为什么会出现、可能跟后面有什么关系。全书粗讲完后进入半精讲阶段,我带学生复习完一章后,就在黑板上出题目,让4个小组的同学上来回答,而且让他们相互比赛。如果上来书写回答时,一个字没写出来,我不会给他0分,而给90分;如果回答出来了,根据难度和完善程度,我会给他105分、104分、103分,以此类推。一节课结束后,我把每组得分累加后写在黑板上的最上面四排,不准擦掉,下堂课我还这样做。最后一个阶段是精讲,我会总结全书内容,将其提炼在两页纸上进行讲解,最后让4组同学相互出题、答题。在活跃的课堂氛围中,同学们积极踊跃、互相学习,然后互换角色,在大家的监督下分别打出分数并累加记录,最后由全班同学评出在这一过程中表现最好的3名同学。学期结束前,我用数控雕铣机做了3块非常漂亮的奖牌,系上红丝带,颁发给站在讲台上的3名同学。结果,在我没有透露任何考试内容的情况下,全班37人,有34名同学考试及格了。他们曾和我说,有很多同学初中时考试得5分、8分是正常,考13分算是高分,一个字不写的也不鲜见,但现在连"四大天王"都能考到70多分。

当然,这一切都是表面上的一种改善,不值得大书特书,跟同学们的日常交往是非常值得细说的。刚接这个班时,可以说他们的行为让我无法容忍。上课时,有的人趴在课桌上睡觉,有的人不听课玩手机。当我正

在黑板上板书时,只听"咚"的一声响,回头一看,一个学生越窗而出。他们的课堂表现可谓千奇百怪、无奇不有。课间休息时,我从不回到教师休息室休息,而是和他们一起交流。经过多次沟通,我在班里与那些刚刚开始吸烟的同学达成共识,改变了他们这种本不应该有的"嗜好"。

在那个学期开课后一个月时,我在与同学们的交流中发现了许多问题,便思考有针对性地采取不同的方法,尝试去做以达到更好的教学目的和效果,更为增强每个同学的自强意识而努力。对他们来说,自卑后的自我放纵已成为普遍的思维行为准则和表现方式,可能并不突兀地体现在他们今后的人生中。教育者未必可以彻底改变一个人,但可以帮他们尝试理解和换位思考,采取看似有悖常理却适合不同人的教育方式方法,让他们看到人还可以这样活着,可以活得更丰富一点、更开阔一点、更有意义一点。因此,我针对出现的问题把自己的想法和建议写了下来,把长达万言的报告交给了主管教学的刘副院长。当天晚上,我就收到了她的短信。信中,她说为我的想法和做法感到振奋,问我是否同意在全校教工大会上宣读,但不透露我的姓名。我慨然应允,因为我个人的思考和努力并不重要,重要的是带动更多的人去思考和行动起来,这也是我希望看到的。

在那个学期的授课中,根据教学计划和同学们的状态,我会定期或不定期地在授课内容中插入讲座交流环节。针对全班都是男生的实际情况,我寻找了一些适合的话题和内容,如军事、汽车、赛车等知识,情感、法制案例带来的思考和行动等。在军事话题讲座中,我们回顾了中国革命史、第一次世界大战和第二次世界大战中经典的战例趣闻、武器装备的变革发展等。结合所授课程的特点,我找来与课程相关的材料开阔学生的视野,如新型"凯夫拉"防弹衣、F1赛车、快速成型等先进制造技术所加工和使用的材料;法制教育中,我着重讲了迷恋网络游戏导致人生沉沦的多个案例;在情感话题里,我讲到对青少年情感交流的理解和处理方法等。可以说这样做,不但为我的教学打下了坚实的基础,也丰富了教学内容,使同学们开阔了视野、提高了学习兴趣,更加深了师生感情。

不断有同学要求我要经常"讲故事",我也会适时地在完成基本教学任务的基础上满足同学们的愿望。我还在讲台旁特地放置了"师生交流簿",经常翻看同学们的留言和建议,调整自己的方向和方法,在得到肯定赞誉的同时,也加强了我与学生之间的沟通和理解。

我还在周末休息时,带领技校的同学到我所在大学里的工创中心参观,在同学们见到各类数控机床时给他们讲解未来需要学习的知识,引导他们对自己的未来要重新认识和规划。

放假前,我召集这学期代课的6位教师,与全班同学一起以圆桌会议的形式展开了一次交流讨论。之所以采取圆桌会议的形式,是为了打破界限,让师生之间畅所欲言。先由老师来谈对学生的看法,谈自己的教学,再由学生来谈对每门课程的学习心得,对每位老师教学的感受。开始的时候会议气氛非常活跃,大家也无拘无束。但我注意到旁边的三四个同学正在窃窃私语,听到他们说我们是不是要说某些老师的问题。这时,突然一名前面已谈过的同学又站了起来说:"某某老师上课毫无生气!"我赶紧站起来打圆场,在会议结束后回到家里思虑再三,将全程拍摄的座谈会录像剪辑处理了一下,没有保留这段。说到这里,我始终认为,作为教师,几十年一贯不变的教学内容和方法仅是自我的满足,实际上是对自己的放纵和对学生的不负责任。一些学生的话虽然伤到了教师的"尊严",但正是这样的建议才是对每个人的警醒,才是我们不断提升自己的契机。提升自己应该是每个人一生的不懈追求。教师更应明白自己身上肩负的使命和责任,更应不断修正自我,思考该去做什么,否则何以为师!

在这样一个特殊的学期与同学们的交往过程中,发生了很多让我至今无法忘怀的事情,略举二三件。一天深夜,前面提到的班里"四大天王"之首打电话跟我说,他和同班的一个同学发生了矛盾,他叫来五六个朋友,对方也叫来几个人,可能马上就要开战,问我怎么办?我说:"你们先不要动手,我马上就来!"我正准备从家里出来,到车棚骑我的电动车尽快赶过去。这时他又发了一条短信给我,说今天晚上可能打不起来了,让我第二天来上课时再说。我不放心,第二天早上7:30就赶到了学校。我虽然是

给另一个班上课,但等到双方到后把他们叫到面前,问他们为什么要打架。他们说了一个不能称其为理由的理由。我问其中一个:"你砍他一只胳膊,他会怎么对你?"另一个同学说:"我会砍他两只胳膊。"我又问另一个:"他砍你一条腿,你会怎么对他?"他说:"我会砍他两条腿。"我说:"两条腿、两只胳膊都砍完了,不就剩一个头了吗?你们可以到另外一个世界再去开战了!""冤冤相报何时了"早已经明白地告诉我们一个再简单不过的道理,你们不该做什么。更何况你们还是有缘分的同学,走进了同一个班级。当然,绝大多数孩子的本质还是好的,加强教育和沟通,帮助他们摆正态度,虽然艰难且非常具有挑战性,但这对他们以后的人生会更有帮助。

交流中,金发男孩曾经跟我谈心,他说在初中时的班主任是一个残疾人,拄着一副拐杖来上课,对他的生活非常关心,经常问他吃早饭了没有,如果没吃就会立刻给钱让他买早点。他说初中班主任是自己生命中非常重要的人,另一位重要的老师就是我。虽然我和他的初中班主任有很多不同,但我也是他生命中值得被记住的人。他和其他几个同学即使在我已不教他们之后,仍一直称我"老师"。

下个学期我带的那个班的问题就更多了,是所谓"春招班"。这些学生大都初三没有毕业。一天,一个平时和我相处不错的学生向我请求道:"万老师,我看今天要下雨,我没骑自行车,中午放学您能不能骑车把我带回家?"我说:"没问题!"下课后,我骑电动车带他回家。经过安徽工业大学东校区的大门时,金发男孩正巧坐车从我旁边经过,看到我后透过车窗跟我热情地打招呼。这一声问候就是对我曾经付出的"回报",令我永远无法忘怀。

我还记得,一个与我在校相处不错的春招班的班长说过,他一定会记住我曾经对他说的话,我是值得被他记住的人。在毕业后,他还经常打电话或发短信给我,除了过年过节的问候,就是和我说他现在的工作、生活和烦恼,期待我给他一些开导和建议。

这个学期,我又带了两个初中班的学生,在现有成熟的教学思路和方

法的基础上,我又根据以往的成功经验不断鼓励学生,挖掘他们的潜能,引导他们学会自主思考。从对课堂笔记的记法拓展到布置学生利用假期时间上网查找自己感兴趣的话题,为以后课上讲座时给大家讲故事做好充分的准备;布置学生在我讲解课程后,在第二阶段的半精讲过程中大胆走上讲台,为全班同学讲解自己对有关课程内容的理解。这样做的初衷,就是尝试提高学生自我学习的能力和展示自己的意识和能力,让更多学生树立学习是人类征服世界的过程的意识,只有理解所学知识才能将其运用于实际,激发学生的自主意识和参与精神。

在第一次讲座时,我讲述了自己的理解和感悟,并深情地讲到了"感动中国"十大人物中的天津老人白芳礼的感人故事。故事讲完,我注意到全班同学脸上的凝重表情,还看到两名同学的脸上挂着感动的泪珠。一天,我上完课后从技术学院出来,不想回家吃饭休息,直接到不远的安工大东校区办公室。于是,我到一家挂着"当涂大肉面"招牌的店里吃饭,刚刚坐定,就看到我班的一个学生和其他班的两个学生也一同走进店里,点好自己的吃食坐在一起说话。我悄悄地走到店家面前,告诉她:"那三个学生的饭钱,我来结算。"吃完后,我就骑车先回了单位。等我再去给他们上课时,那位同学拿着钱来到我面前,硬是把钱塞到我手里。他说:"老师,非常感谢您替我们付钱,但我不能要您的钱,能遇到像您这样的老师我已经感到很幸福了。"从此以后,我注意到这个学生听课专心了,他还提醒其他同学遵守课堂纪律、上课认真听讲。

2015年到2016年的两年间,我在职业技术学院带的是高职模具设计与制造专业和数控专业6个班的学生。我能陪伴他们一起度过最后的在校时光,送他们走上实习岗位和就业之路。党的十八大报告、教育部文件精神、中央及地方各级媒体的宣传都清楚地表明,中国今后的青年人才培养之路主要就是两条:一是科研型人才培养的高等教育之路,二是以各种职业教育为主的技能型人才培养之路。但是,年轻的在校生,不管是中、高职学生,还是高校毕业生,甚至他们的父母,能够真正找到自己未来发展之路的人并不多。其实,从中国目前的人才培养趋向来看,每个人找到

一条生存之路并非难事,但关键是那条路是否如你所愿、令你执着,考验的一定是你能不能静下心来,具有不懈的求学精神,以应对社会的不断发展和优胜劣汰。

高职学生完成两年半的在校学习后即将踏上实习岗位,选择将要实习或者工作的企业时,每个学生对未知都是充满期待,但又忐忑不安的。毋庸置疑的是,对现在的中国来说,高职毕业生的就业去向基本就是成为各个生产企业的一线技术工人。两年半的高职学习又能积累多少知识,是否能够适应企业对自己的要求,二者能否顺利衔接是高职教育最该关注的。总体来说,中国各地的各企业对生产一线的技术工人的需求始终很旺盛,又充满矛盾和无奈。而无法逃避的现实问题是,每个人能否给自己的发展以清晰的定位对今后的成长道路至关重要。另一个无法回避的问题是,教育本身能否为每个人从成长、学习到应世、立世进行有针对性的指导,以及与之对应的社会实践有效衔接。这考验的不仅仅是每个求学者自身,更是对以师者为代表的教育事业的综合检验。

就我所带的6个高职班毕业生近200人、全校近1100名毕业生而言,每年的双选会上都有400家左右的企业到校招聘。那意味着有10000个左右的就业岗位虚席以待,可谓绰绰有余。其间我注意到,很多企业每年都招聘相同岗位的人员,而且人数基本相同。你也许会问:"为什么每年都来招聘同样工种的高职生?难道他们的企业发展真的不受限制吗?真需要那么多相同岗位的人员吗?"其实,稍有常识的话,你就会发现中国当前这样一个用工现实,400多家企业、上万个就业机会,不可谓不多,然而一年中毕业生真正能在招聘企业坚持工作的并不多。

我为此特意参加了几场单场招聘会,还参加过集体招聘会。在招聘会上,广东东莞的一家上市公司的马鞍山分公司的人事主管介绍完自己的企业,在跟毕业生交流的环节中竟无人提问。于是,我走到台上代表大家简单地提了三个问题:一是贵公司对毕业生的基本要求,尤其是各工种的工作要求有哪些;二是贵公司提出的一年期培训计划,是针对全部应聘者,还是有计划、有选择的;三是贵公司对人才的选拔招聘主要从哪些方面进行选择。毋庸置疑，现在的正规企业招聘，对人才的培养和发展是与应聘者相对应的，是有选择、要求和考量的。提出这些问题的目的是希望参加现场招聘的学生们慎重考虑，清楚即将进入工作的企业是否适合自己，需要对比分析和谨慎选择。从用人单位的角度来看，有的企业明确提出学生在校期间不允许有挂科的情况，而且对曾获得各级奖学金、利用假期积极参加社会实践的学生有所倾斜。而作为应聘者，尤其是职业教育培养的学生，今后的发展之路主要有三条：一是成为生产一线的技术工人；二是对女生来说，主要成为生产一线的质量检验人员；三是通过努力成为后备干部。对于刚进入企业实习或者已经正式签订劳动合同的学生，实际上企业的考察是有所区别的。这也符合招聘者和应聘者双向选择的相互博弈关系。

一个细节问题也是非常重要的。现在的很多父母都为自己的孩子买了各种保险，尤其是意外伤害保险。当然，学校也会为学生购买这种保险。能否在同一家保险公司购买保险呢？同一家保险公司一定不会重复赔付的。那么，需要每个应聘者，不管你是什么身份，都需要将鸡蛋放在不同的篮子里，从而实现利益的最大化。尤其是在校生，外出实习期间，应该注意这个细节，但很少有人关注，现在的各种保险是有交叉的，而且有真空地带。

从参加实习到正式签订劳动合同的学生的总体情况来看，至少有一半以上的学生适应不了现在企业的多种要求，如合肥美菱电器、格力电器、马鞍山星马专用汽车有限公司等大、中型企业的用工制度和工作时间。实际上，很多企业，尤其是一些劳动密集型企业的性质决定，无论是两班还是三班，工作日的实际工作时间均超过正常的8小时。在这样的企业里，从10小时的普遍工作时间到每天最多十二三个小时的工作，这些都是家常便饭。虽然企业都会发放相应的加班费和补贴，但对现在的孩子来说已远远超过了他们的承受能力，这种状况令很多人知难而退。为了减少资源、政策、用工等一系列成本，中国越来越多的大型企业开始在中部、西部地区建立生产基地，带给当地人越来越多的就业机会。然而劳动密

集型的企业性质其实也在倒逼就业者,你必须拥有一些有分量的个人"储备",才能在社会中再创异于东莞、佛山企业昔日的辉煌。

2018年,我与一个中职对口升高职的数控专业班的19名学生进行交流后,清楚地了解到原来中职毕业的他们为什么会再回到学校学习。一名男生在当地找了一份自己擅长的电脑维修工作,每天的工作时间、奖惩制度完全由领导规定,每天的生活就是疲于奔命,最终只能在漫无边际的疲惫中放弃。慎重考虑后的结果是再次回校求学。而另一个男生是在一家电子厂上班,每天12小时的工作,每月休息4天。工作8个月后,他的选择也是再次回校求学。一名女生在南京的一家企业工作,虽然工作比较舒服简单,但工资待遇一般。而她心有不甘,想再找一份自己满意的工作,跑完人才市场和应聘单位后,她的选择是再次回校求学。因为你要重新选择,不只是你去选择社会,更是社会对你的挑选。这个女同学在两年半的高职学习中,不但获得了学校的一等、二等奖学金,而且获得了国家励志奖学金,在寒假暑假时外出打工,不断丰富自己的经历。双选会上的应聘简历,在那些同样简约的个人信息中,每个人能够抓人眼球的经历是什么,自己必须知道。选择是每个人都会面对的,但改变才是自己真正强大的基础。

2015年,我在2014级模具设计和制造专业的一个班里遇到了一对特殊的恋人。他俩每次都坐在教室里正对讲台的第一排,这里成了他们的"固定位置"。他俩都是学校一等、二等奖学金的获得者,女孩还是国家励志奖学金的获得者。通过目光的交流,他们和我共同度过了一个学期。让我印象深刻的是在如今的高校中很难看到的他俩坚持记笔记的学习习惯。为了减轻家人的负担,他们每个寒暑假都外出打工。正是因为他们在外打工的经历,毕业时他俩顺理成章地留在了那座城市——深圳。

在很多高校的课堂上,能像读中学时完整记笔记的学生确实是屈指可数的。我曾经无数次问身边的学生,为什么课堂记笔记这种多年的学习习惯到了大学里被你们忘得一干二净。所有被我问过的学生都哑口无言。然而无论是要求还是习惯,所有老师的板书恰恰是其经典的理解和

释义。那些多媒体课件虽然可以传递很多信息,但总是难以让人完全理解并留下深刻的印象。也许不是每个人都能想到,自己的今天必定会造就自己的未来。人生需要奋斗,要学会自我选择,更要勇于面对。正能量的积累才会有奔向明天的超强动力。

作为大学老师,把这种不懈奋斗的精神传递给自己的学生,不仅是一种操守,更是一种神圣的职责和追求。2015年到2016年,安徽工业大学里出现了两个"奇迹"。各大媒体纷纷报道:安徽工业大学有个考研"牛班",22人100%上线。安徽工业大学化学与化工学院114班,全班22名同学参加考研,并全部上线,考研成绩平均分数达353分。很多同学已经直接被中国石油大学、北京化工大学、东南大学、南京理工大学等高校录取了。当被问到考研经验时,他们提到宿舍的氛围真的很重要,环境可以改变一个人。如果在一个积极向上的集体里,受到周围人的感染,自己也会努力勤奋起来,并且会争取做到最好。但如果周围的人都不思进取,沉溺于安乐,得过且过,没有计划性和执行力,在这种环境的影响下再勤快的人也会变得庸碌无为。幸运的是,商学院的小伙伴们都是满满的正能量。优异成绩的取得离不开他们的辛勤努力,也离不开老师们的辛苦付出。商学院的学习风气正,考研氛围浓,环境的这种作用不可忽视。每年学院都组织考研动员会,帮学生们树立努力考研的意识,同时提升学生对所学专业的学习兴趣,从而调动考研热情。在硬件设施上,学院开辟考研自修室,为学生提供良好的学习环境,专门办了考研辅导班,为学生考研提供全方位的帮助。专业教学和制度管理双管齐下,才逐步形成了如今令人振奋的局面。另外,安徽工业大学工商学院仪表1241班的5C529寝室的4名女生,同时考上安徽工业大学研究生。大学生年年拿奖学金不容易,在学校里入党更难,毕业时考上同一所学校的研究生更是难上加难。但是,4名女生一起做到了。她们年年拿奖学金,个个都是学生干部,人人都在大学入了党,又同时考上安徽工业大学研究生。一时间,5C529寝室被该校学生称为最"红"学生寝室。

我朋友的孩子从内蒙古考入我校,从大一、大二时学业困窘到大三时

迎头赶上狂刷学分,以求能打下好基础去国外留学。他的成长让我不禁为其长大而感到自豪。还有的学生决定考研后,为了不给父母增加负担,便和一起考研的同学约定:朋友报考研复习班,上课将知识要点记录清楚,回来再给自己讲课。在交谈中,他告诉我,每个周末上午上考研班,只为抢到一个靠前的座位,竟然会有很多同学在凌晨4:30就去排队。每个人只要有了目标,才会义无反顾,这是人生的必然。每个人都要看看自己的周围,不管身处何地,你都会看到人生的两面,关键的问题是你的目标是什么;为了实现这个目标,该怎样思考、怎样选择、怎样行动。

我曾读到发表在《中国青年报》上的一篇文章《一位海归"青椒"的困惑》,里面提到大学里的师生关系应该引起我们的关注。文中所述的情况,在大学里已经成为一种普遍现象。这不禁让我想起自己身边的事情。在高速发展的信息社会里,面对海量信息如何从中选择对自己有价值的信息非常重要,你只有适应信息社会的飞速发展,才能不被淘汰。当你看到身边的大学生们沉浸在以智能手机为代表的新媒体世界里,需要什么就能有什么时,你会发出极大的感慨。很多学生即使在做作业时都要利用网络去搜索,找到作业的所谓正确答案来应付交差,而将学习求知的责任抛之脑后,将多年的学习习惯、认真听讲、复习总结全部扔掉。而多媒体课件教学的最大问题是信息量很大,需要教师精准而清晰地讲解,使学生易于理解和记忆,而对学生来说就需要不断地调整思维,而且课后要加强复习,才能从中收获真正属于自己的知识。难以想象,不会有效利用信息的人将如何去适应社会的快速发展。如果你不去求知、不去奋斗,也许被社会发展淘汰的下一个弃儿就是你。这种优胜劣汰每时每刻都在发生。这一规律,没有人可以忽略,也没有人可以例外。

从信息时代的一大特征说起,拥有14亿人口的中国,其中智能手机用户超过8亿。大家畅享计算机、手机为我们带来的各种便利,世界信息联通成为地球村,但又不可避免地出现各种问题。至于手机,先不要说孩子,就是很多成年人都无法摆脱"为机而痴"的自我沉迷。"低头族"现象无处不在。不论身份,不分场合,甚至不管生死,都"誓机如归"。尤其是大学校园里的课堂、宿舍、食堂,甚至卫生间,只要有人出现的地方,都能看到在低头狂点却始终不以双眼视人的大学生。手机横者,五指跳动,无外乎游戏、小说;屏幕竖者,手若悬河,无不微信、QQ。人类掀起的信息革命,确实是在革命,革违背手机实际效用人的命,革无法控制自己思维、行为人的命,最终只能是被革命者"头颅落地"。一个连自己的行为都控制不了的成年人,你真的能指望他成为掌握自己命运的人,更遑论家国天下。更令人惋惜的是,无一例外,他们真的都明白其中的道理。任何事物都有正反两面,关键是你之所取究竟有何意义。

在迎来一届届大学新生的每一天,我都会感到他们之间的差别和变化。越来越多的大学生们变得不会与人面对面地交流,越来越不明白直接交流的意义。但反过来说,能完全怪他们吗?因为我们这个社会、这个时代,并未教给他们识别人世间真与假的技能。中国正逐步迈入小康社会,然而经济的发展真的会使每个人都具有小康的头脑和境界吗?

在高校,甚至整个中国社会,有迷茫者,同时也有很多清醒者。只有有目标地过好每一天的人,才能清醒地前进。曾几何时,大学校园里第一学年结束后,有许多同学向学院递交转专业申请,这已经成为一道别样的"风景"。然而当你问他们为什么要转专业时,有的同学甚至会说,我上大学填的志愿是别人帮自己选的,如父母、老师,而自己完全不知道学什么、将来能干什么。我问过很多同学一个简单的问题:各高校都在自己的网站上进行宣传,如专业学习的有关课程、内容、要求等,甚至就业发展方向。既然身处信息社会,难道你不能自己上网查询比较吗?有几个学生同我交流,当我问到这个问题时,他们的回答却是"我自己随便选的"。

确实本科教育发展到今天,已经越来越普及,是不断前行的每个人的人生必经阶段。与技能人才培养的职业技术教育相比,大学本科教育缺少实践学习;与科研人才储备的研究生教育相比,本科教育的理论性教学、课题学习教育又显单薄。大学毕业后,对男生而言,似有三条路可行。其一,可考选调生、在校研究生;其二,可进行双向选择走上工作岗位,工作历练数年后带着问题和现实感受,考取研究生继续深造;其三,工作后

读在职研究生,以适应社会的需求。这些都很考验每个人的意志,甚至一个家庭所有成员的意志,因为不管选择哪一条道路,都会需要更多的时间、毅力和金钱。与未来的可能性相比,我们是需要再三权衡的。这样的选择,绝不仅仅是个人的意愿,更需要全家人的共同努力和承担。

我们都能深深地感受到,现在有国家和地方的各种惠民惠教政策的大力扶持,更应该积极参与社会实践为家庭减轻负担。说到这个问题,千万不要奢谈背着妈妈上学的神奇,在我的周围就有很多这种非常努力的同学。他们努力求学、积极上进,家里的几个姐姐奔赴大城市打工赚钱,为自己赚学费。而接受家庭大爱的这些同学在学校省吃俭用,不但以优异的学习成绩回报家人,而且充分利用一切时间和机会刻苦用功,做些兼职减轻家人的负担。这种双向的爱的流动使他们能够经受社会生活的考验,受到非同一般的人生磨砺。相反,也会有妈妈陪着儿子上大学,姐姐牺牲自己打工为弟弟赚学费,而弟弟却不珍惜家人的付出,在大学里浑浑噩噩、自甘堕落。

读完研究生,如果一切顺利,毕业时一般都要面对婚姻问题了。而现实是,很多高校的男、女同学在读研期间就已确立了较稳定的恋人关系,这是非常普遍的。这也意味着这种稳定关系关乎未来一系列问题的解决。其中的利害关系,没有人不会去深思慎行。其实,在大学学习中你必须学会成长、学会选择的考验有很多,而且不仅是个人的问题,更多的涉及家庭这一主体。你们是否想过,在选择专业,甚至盲目地转专业时,必然存在人数、专业对等的问题。很多学校已经用第一学年的成绩、课堂表现等,作为转专业是否可行的硬性指标。最终,能实现转专业目标的学生人数是有限的,但同学们能否想到另一个层面:既然能够顺利转专业,说明你的成绩和表现还是比较好的,那么为什么不可以申请第二专业的学习,让自己在校园里更忙碌一些、更充实一些。等毕业时,与别人相比,你手里拿着的是两份学历证书、学位证书,心中也一定多一份奋斗的充实和自我成长。每个人的大学生活和学习,是更加充实还是无所事事,是目标明确还是糊涂混日,是不懈奋斗还是迷茫无助。这些都时时刻刻考验着

每个人。

一天,我上网时无意间看到了已被我忘记姓名的一个学生写的一篇文章《若对青山谈世事——思念我的老师万巍先生》。此时,我和他相处的点点滴滴浮现在眼前,其中不乏欣慰。

一转眼,我离开学校已经3年了。负笈求学十几年,一路走来,其实学校并未给我留下多少值得留恋的东西,唯一让我时常忆起的是那几位如父亲、如兄长、如朋友的老师,如万巍先生。每当我想起他的笑容,我也会在渐已沧桑的脸上露出略带羞涩的微笑;每当我想起他的教诲,时常在梦中也会突然正襟危坐,想一想自己是否做错了什么。

我第一次见到万巍先生应该是在2004年至2005年之间。见他时的情景现在已经淡忘,只记得他穿着一件写着"羽人"二字的T恤。谁曾想后来万巍先生虽未说明这件T恤的来历却郑重地将它送给了我。我非常珍惜这件衣服,一直将它带在身边,即使我在3年间换了几座城市。

万先生是学校金工实习厂的老师,讲授的主要是电焊课程。对于我这样一个自认为心灵手不巧,一直"讷于言,敏于行",并且从小被娇生惯养的人,那根冒烟、火星乱溅的烧火棍简直快要了我的命。像蜈蚣爬的一样难看,这已足以说明我的技能水平了,因为我压根儿就没有将两块材料焊接在一起。我当时的想法也就是混个学分,也没太在意,但是我竟然被老师留下了。

金工实习厂的办公室很简陋,只有三把椅子、两张桌子。我像模像样地坐下来。

那天,我和他聊了一个多小时,从办公室出来时已经是星光满天。实习厂建在山上,离宿舍有很长一段距离。我急匆匆地往山下赶时,万先生骑着电车追了上来,强烈要求把我送到宿舍。路有些颠簸,我偶尔会贴着他的后背,虽然有一丝微风吹过,但心头一阵暖,有一种他好似兄长的感觉。

从那以后,我经常找万先生聊天,无所不谈。通过一次次闲聊,我对

他越来越充满深深的敬意。万先生喜欢运动,我还记得他最初总是踢足球,后来因为一次伤病,无法继续在绿茵场上驰骋了。一次,万先生开玩笑地说:"本来打算好好踢球,但大球没法玩,进思尽忠,退思补过,换换小球拼拼运气吧。"先生经常和我提到他打球的事情,也曾不止一次跟我提出教我打球。遗憾的是,除了偶尔旁观他在场上拼杀,我很少拿起羽毛球拍。万先生每次提到运动,就会加上"快乐"二字。每次说到羽毛球时,我都能看得出他是非常快乐的。他还组织过一个羽毛球协会,经常有一些陌生的姑娘向他讨教球技。可惜,当时我正专情于别处,否则我拼死也要学学这门"手艺"。

万先生喜欢写文章。记得他拿过一些"铅字"给我看,偶尔也会鼓励我不要只看、只想,还应多写一写。我开始一笔一画地写字,好像也就是在那一两年间,我偶尔写点文章,也愿意拿给他看。我有时会翻看以前写的东西,有些自己都"不忍卒读",但是当时万先生看得极认真,也会诚恳地给出一些意见。譬如,"形散,神更散""一段跨越五大洲",这些都是当时我认为的妙语、警句。遗憾的是,我一直未能达到他的期望。

万先生还在生活上给予我很多帮助。他曾不止一次提出,如果我缺钱,尽管向他开口。在多数人认为"借钱的威胁甚于核子战争"(余光中语)的今天,这一句短短的话其实并不那么容易说出口。他的理由无外乎,他是师长,我是他的学生。

一次,我忘记了具体原因,他摸着我的头,脸上露出了慈祥的微笑说:"小伙子,要当心啊。"那一刻,角色转换,他更像是我的父亲。有句话是"多年父子成兄弟",我一直认为世间的最高境界是父子关系,恐怕除了没有代沟等必然的阻隔,更需要长者有一颗年轻而善于求新的心,有一种对年轻人关怀而温暖的态度,还需要抛弃那一点点所谓父亲的严厉。所以,血缘上的父子极少能达到这种境界,但是我不止一次在回忆老师的文字中读到类似的描写。或许,师生的情谊虽有一些疏远,但更容易接近彼此的心。

正是因为这种奇妙的感觉,我和万先生的每次对话总是如沐春风。我

们所聊的话题无所不包,前一秒还在就公交车上发生的事情进行讨论,后一秒就聊到了校园风气。广度自然是有的,但是深度在讨论某些严肃话题的时候也不会缺少。所以,现在我有时思考问题时,脑子里还经常会蹦出一个念头:和万先生讨论的时候得出的结论是什么。

遗憾的是,这种对话并未持续很久,离别转眼即至。最让我遗憾的是,因为种种原因,我未能和万先生道别就离开了学校。因为生活中遇到的各种波折,所以那以后的很长时间我都没有和万先生联系。在手机数次丢失后,我也彻底和他断了联系。每到元旦、春节等节日,我也想给万先生寄一张贺卡问候一声。但是,省视自我,再想想先生曾对我的期许,我又有一些胆怯,所以每次都是提笔踟蹰,不敢乱言。一转眼,竟已过了3年!

嗟余与子久离群,

耳冷心灰百不闻。

若对青山谈世事,

当须举白便浮君。

这是宋代文学家苏轼的七言绝句。潘旭澜先生曾以"若对青山谈世事"为题写了一篇优秀的散文怀念自己的老师朱东润先生。潘旭澜先生和朱东润先生曾经历了那个动荡的年代,所以不谈世事以避祸,而我则是因为再也无法重现促膝长谈的场景,找到那种思维碰撞中坦然相对的感觉。所以,我现在极少与人聊天,而世事的艰难与身边太多人的因言获罪也渐渐使我变得讷于言。好吧,"若对青山谈世事,当须举白便浮君"。或许,只有再次见到万巍先生,我才能再觅这种快乐了。

谨以此文怀念我的老师万巍先生,祝先生身体健康,我永远记得您朋友式的微笑。

看完文章,我的思绪再次飞扬。没错,时过境迁,弹指一挥间。他不想要求别人什么,但对自己的要求从未降低。经历多年的坎坷和奋斗,这位学生如今留在了中部的一座大城市,成为一家房地产公司的主管。在

那座城市他买了房、娶了妻、生了子,真正通过奋斗开始享受自己的生活。

作为教师,我了解自己的学生们的真正需要。正是由于一次课后与两位同学交流获得的启示,我才打开思路,奋笔疾书。一位学生下课后发了一条短信给我:"万老师您好,我是工商学院2010级机械设计制造专业的学生,很高兴能够上您的课,很有特点,也很荣幸能够认识您,听您讲那么多关于人生的理解。在课堂上不但学到了专业知识,而且学到了很多难得的人生道理。谢谢您对我们说的那些意义深刻的话,很值得我们每个人认真反思。人生的意义究竟是什么?或许每个人都有自己的认识。同时,我也是心理委员,从您的两次课中我学到了不少知识。谢谢您,希望我们以后可以有更多的交流。"接下来的一堂课,一个同学课后给我发的短信是"万老师您好,我就是下午课后向您要电话号码的那位同学。我真的很高兴又碰到了一位像您这样既认真教书又愿意和同学们交流,并且能让我们进行更深思考的大学老师。我感觉您真的可以像浙江大学的郑强教授利用这种开讲座的方式来引导那些迷茫的大学生们,也许这样会让您花更多的时间,但我相信您也会很高兴看到我们有很大的改变,最重要的是它可以更好地体现您的价值……"

在从事高等教育的同时,我将其与职业教育进行对比和思考。高等教育和职业教育的职能和定位不同。高等教育的基本职能是培养专门人才、科学研究和服务社会。普通高等教育则是在完全中等教育的基础上进行的专业教育,是培养高级专门人才的主要社会活动。高等教育朝着多样化方向发展,从单一结构向多种结构演变,这是当前世界高等教育改革的主要趋势之一。现代经济发展对高等教育改革提出了新的要求,各国对人才的需求与日俱增,不仅需要高级技术人才和管理人才,而且需要大批中级技术人才。这就要求高等教育必须培养适应现代经济发展需要的人才,调整传统高等教育的人才培养结构,实现教育结构类型的多样化。现代科技与生产的发展是以综合化为基本特征的,体现在高等教育中就是课程的综合化。所谓课程的综合化,就是使基础教育和专业教育、应用研究和开发研究相互渗透、交叉进行,目的在于培养学生适应社会发

展的需要和具有解决复杂问题的技能。科研、教学和生产一体化是当今世界高等教育、科学和经济综合发展的产物。

说得简单一点,中国社会现实的大环境、家长的殷切希望推高了对孩子成长的期望。极少有家长,尤其是城市里的父母会不希望自己的孩子一步一步地迈入高等学府的大门。一般进入职业学校学习的孩子,多为农村家庭的子女或者城市里家长无法教育的孩子。虽然这样说很残酷,但面对现实时你就不得不承认这一点。孩子从家长、学校和社会等一切信息来源中,都会想象和认定接受职业教育的"痛苦"。

这里需要指出的是,在当今中国,如果简单地把"白领"与"蓝领",即以有教育背景和工作经验的脑力劳动者与产业工人为代表的西方人才分类观念,用国人的思维方式简单地理解为一张报纸一杯茶和一脸油污一点钱,那你就大错特错了。也许只能这么说,接受高等教育后,你在社会中才可能获得更多的发展机会。而我执教高校的同时,还在马鞍山工贸技师学院代课。它是一所职业学校。多年来,我在工作之余也进行了一些思考和总结。

第一,合理开发利用现有的教育资源,以点带面,长远而有计划地开发学校资源。

五年制高职专科的学生来自安徽本省,他们成长的地域和背景基本相同。全面认识来自不同地区、家庭背景、成长经历的学生,结合学生的具体情况思考和采取具体的教育方式。由于专业的问题,两个班级全部为男生。我认为,尤其是在对待社会普遍认为的"问题生"时,不应该只是按"通常做法"——罚站或在全班进行简单的批评教育,而应与他们深入交流,包括了解他们的经历、他们具体的成长烦恼、家庭背景和思维习惯,对有上网成瘾、经常打架等违反纪律的同学,应采取不同的教育方法。

职业教育中一个重要的问题是学校的长远发展规划和积累,正所谓"应时应势"。而作为一个成立多年、前身为马鞍山市技校的技能型人才培养基地,更需要"应时应势"。其地处重工业基地马鞍山钢铁公司附近,既受到经济发达地区的影响和辐射,又无法摆脱固有思维的桎梏。大势

所趋,开阔思路和切实的做法是胆魄勇气的积累,以及对其来源的思考。依托现有的硬件条件,加强对教学理念和方法的探索,形成自己独特的风格,是这样一所职业学校长期发展的目标。

基于以上考虑,我决定采取"以点带面"的方法。根据所带两个班级学生的特点,我决定将"确立导向、面向社会、校企合作、双向锤炼"的方针运用于教学改革之中。

对于五年制初起专的两班学生,我确定采取"赴企业参观、自主立项(产品)、相关指导、立足实践"的教学方法。这个问题就包括校领导、教师对社会资源的整合和开发问题,可利用一定的社会资源开发校外实践基地。针对我所带两班学生的情况和强烈的求知欲,我会按计划在学期内跟有关单位联系,使学生们能在进校的第一学期就有实践参观的机会,从而让学生们能对目前的学习和未来的工作有更直观的了解,发挥"认识为先,实践为主"的引领作用。

一是课前教案的准备和教学活动的计划。我所教的课程是金属材料及热处理。对五年制初起专的学生来说,这是一门理论基础课。材料知识的掌握和运用对学生今后工作需要的重要性是不言而喻的,因此找到适合他们学习特点和理解能力的教学方法,是我一直追求的目标。我对课程教材进行深入研读后发现,该教材的特点是简单而实用。由于学生们的基础比较差,对理论基础课的适应较慢。学习新知识的过程,应该从无到有、由浅入深。而授课形式可以前后呼应,强调概念的释义及相关概念的联系和异同。提高学生对课程的重点和基础的把握能力,是我努力追求的教学目标。为此,我查阅了大学教材里相同概念的解释,研究其是否更容易被基础较弱的学生接受,还大量搜集有关概念、理论的释疑,如内力、外力和作用力、反作用力的区别。关于材料的力学性能指标,教材中只介绍了强度、硬度、塑性、冲击韧性和疲劳强度5个指标,而相应的大学教材中多了弹性模量(刚度)的概念。为了使同学们在今后工作中不对此感到陌生,我也适时引入这个概念。教材中对"硬度"的解释是材料抵抗局部变形,特别是塑性变形、压痕或划痕的能力,而在大学教材中对此

概念的描述是材料表面抵抗更硬物体压入的能力,这样就更好理解和记忆了。说到这里,我还会不断让学生们思考和回忆塑性变形的概念,熟记和理解概念,做到承前启后等。

  为了让学生们更好地理解所学知识,我计划在学期中带领两班的同学到安徽工业大学工程实践与创新教育中心、华冶高科方圆机械有限公司、瑞慈机械有限公司等单位进行参观。需要学校支持的是,除方案的实施指导外,主要是能在出行车辆、学生安全等方面进行权衡和安排。由于参观实践的地点都在本市和当涂经济开发区,所以一天的时间没有任何问题。另外,我很希望有关领导能带队参观,亦可与相关单位建立交流,方便今后学生校外实习。在这次活动中,学校可以通过录像、拍照、交流会等形式在参观企业进行宣传,更能给在校学生提供一定的启示。其中,像星马专用汽车这样的我校焊接专业毕业生的相关服务单位,更是大有可为。我校毕业生可将在服务单位工作时的体会和感悟与在校生进行分享,并为其提供借鉴和指导,使在校生能有深刻的感受和思考,对他们在校学习、将来的工作都会大有裨益。当然,"走出去"和"请进来"都不可或缺。各种形式的"请进来"会推动学校的文化建设,更能将毕业生们的工作体会分享给在校生。有关专家的讲座可开拓教师和学生们的视界,为学校的长远发展带来持久的动力。

  二是鼓励优秀学生提前进入生产环节,利用现有条件进行社会生产实践与技能操作结合的研究。马鞍山工贸技师学院现有的硬件资源,如机加工设备达120台。根据学校的规划,通过世行贷款引进数控加工设备、加工中心的资金将达千万元。对这些硬件设施的整合和开发将有利于本校立足教学、规范学生操作,而且为社会提供实际产品,而这些对学校的教学和资源开发都是一种真正的检验,为开展技能型教育做出一次全新且有益的尝试。在此过程中,相关教师资源的开发和利用能力也是至关重要的。而建立相应的奖励机制能激发教师的主动性,从而综合有效利用其社会资源。据了解,我校有相当多教师来自市属各企业,并有一定的社会经验和自我实现的愿望。

我认为,在利用现有的社会资源承接社会产品加工(实习)的过程中应建立相应的机构。合理协调本校的硬件资源,进行有效的开发利用;给学生提供贴近生产实际的参与机会;相关教师的理论与实践教学得以落到实处;调动了全校的资源与实际的生产对接,合理安排"产与学"的关系。这样,不但使学生的学习和教师的讲授落到实处,避免纸上谈兵,而且使学校成为培养具有竞争力的技能型人才的教育基地。

这里需要说明的是,对不同专业和学制的学生,可结合不同专业的特点采取不同的理论与实践结合方式。这样,不仅合理地利用了学校的各种硬件资源,而且能使优秀学生成为符合市场需要的稀有人才,而中等学生在这种明显的对比中会产生学习的紧迫感,较差的学生也会将更多的精力投入到学习中。这些尝试的意义是让学生提前参与生产实践和服务实践,对其以后的工作很有帮助,也能使他们更好地安排自己的课余生活。通过参加全国职校的各种实操比赛,老师与学生的能力得以充分发掘和展示。

三是对教育方式的思考和尝试。在为2007级焊接及自动化班和机修3班的同学授课和与其交流中,无论在授课风格和方式,还是对学生的层次、思考力和接收力等方面,我都做了精心的准备。

对于学生的开讲话题和具体要求,我提出10个方面:①师生互致敬语可多样化,如天气、节日等问候语。②开学后的最初几节课,要求全班同学从第一排开始进行自我介绍,包括姓名、年龄、籍贯、爱好,以及对今后学习的想法和期望等。③把课前准备的与课程有关的金属实物、刀具等发给学生观看,并要求学生上课做笔记,最好能写出自己的理解和看法。④将本课的师生交流簿交给班长,然后悬挂在黑板旁,以及时了解学生的意见和建议。在几个星期里,已有不少同学留下了自己的意见和建议。例如,第一个留言的是机修班的同学,他希望我能指定他推荐的同学担任课代表。我看到后,当即在课堂上征求大家的意见。大家讨论后同意他的提议。每堂课前我都会查看师生交流簿,并对上面的学生意见进行反馈。⑤讲课过程中,除讲解教材内容外,还会穿插必要的金属材料知识和

应用,如"越王勾践剑"的出土和化学成分分析,新型"凯夫拉"材料的成分、特点及应用,尤其是在军事领域的应用等,并开辟了"高分子材料""复合材料"等在现实中应用的板块,特别是组织赛车、机械制造等应用方面的讲座,在学生的兴趣中渗入学科知识,以使学生的学习兴趣和专业知识实现结合的最大化。⑥积极准备多媒体课件和相关视频,使课堂教学手段多样化,让他们从不同角度去参与和感受。⑦搜集焊工、车工等系列教学VCD,以及大量《车迷》等杂志,由各班班长负责管理,并做好出借登记,借阅的同学可上交读后感。⑧适当布置作业,并鼓励学生全部完成,在批改作业时用个性化的批语鼓励学生。⑨使用不同的上、下课敬语进行交流,活跃课堂气氛,并为下节课内容做好铺垫。⑩每次课前10分钟,请同学们复述上节课的内容和重点;讲完一章内容后,一般要求学生进行细致的复习,并鼓励他们主动回答问题;在每节课进行到30分钟左右时,会进行不同形式的话题分解,使他们能够重新调整和集中注意力。

第二,教学模式和分配模式的整合。

无论是企业聘用毕业生,还是毕业生自己找工作,其中都存在一个无法回避的问题,就是企业的预期与学生的能力不对等造成的尴尬。

对企业而言,缺少对学生在校学习及上岗后的表现的评价体系。而对于毕业生,学校也无法准确掌握和判断他们的工作能力大小,无法对他们的技能水平和思想高度进行衡量。作为老师,我怎么了解每位同学呢?主要是从课堂上同学们的自我介绍开始,这样做好处多多,不仅能让同学们之间互相了解,而且能锻炼学生在众人面前讲话的胆量。同时,我可以对每位同学加深了解,而且能从同学们的介绍中发现不同的性格和合适的教育方法,最大限度地做到个性教学与共性教学的有机结合,使每个同学都能尽情释放自己,更好地为以后的教学做铺垫。

一位同学的课堂表现不为老师和同学们所接受。在课上轮到这位同学自我介绍时,他说自己是马鞍山某中学的毕业生,个人爱好是"睡觉"。课后,我特地了解他的生活习惯和家庭背景。他说父亲已经下岗,但整日不在家,不知道父亲整天在忙什么,基本是自己管自己。他的爱好是晚上

跟原来的同学和朋友玩到深夜两三点钟才回家睡觉，基本天天如此。我告诉他，如果你天天如此，那么现在的你应该也能承受。我认为，虽然你在晚上获得了自己的快乐和自由，但在学校里最需要你努力学习的时候你的表现让我和同学们感到不愉快，而你毕竟要靠自己在学校的积累获得生存的机会。你将最该做的和应该得到的都放弃了，可以说是非常不聪明的。我还注意到他的穿戴和使用的手机档次都不低，因此我跟他说，如果这一切都是通过自己的努力获得的，那么这种收获的喜悦是不一样的。他听了我的话后还是有所触动和改变。在另一个班的课间，甚至放学后，有些学生就专业选择和个人爱好与我进行交流。我非常感谢他们对自己的信任，还将自己对专业、爱好的看法和思考都毫无保留地讲给他们听。与他们交流时我都会问他们的感受，希望我这个朋友能给他们以真正的启迪和帮助。在第二周的最后一堂课上，我采取了一种较为独特的教学方式，用30分钟进行了章节测验，但考虑到同学们的掌握情况，允许他们看书答题，并说明如果有人能用自己的语言和理解答题，会给以特别得分，共12道题，总分定为120分。待30分钟测验时间结束后，我要求同座的同学互相交换答题纸，用10分钟时间相互打分。很多同学从未体验过这种测验形式，相互打分时非常认真谨慎。我注意到甚至有人多次更改评分后才最终确定。气氛紧张的测验使大家都经历了一场特殊的考验。有人甚至说，不想再转专业了，有的课程太难理解，自己压力很大，担心学不好。我认为教师的教风应可互补，应让学生们学有所得，这是教师共同的责任。当然，教师承受适当的压力，会不断提高自己，而提高自己将会立于不败之地。而教师之间的交流和竞争更是学校不断发展的基础，而且通过讲课交流、比赛等形式形成良好的校风。

人与人应该不断进行交流，因为这是社会存在和发展的基础。我甚至有这样的想法，希望在学校里建立师生交流论坛，通过交流论坛和网上论坛的结合建立一种探索机制，使师生能够进行更多真诚的交流，从而成为学生成长发展的助推器。师生之间相互依存的关系能使双方换位思考，大到国家、中到职业教育、小到个人，不能不说都是至关重要的。

联系现代中国高等教育的现状,与职业技术教育对比,现代的高等教育尤其是本科教育阶段,应该说已变成"通识教育"。而这其中,全社会最感到困惑的是学生自己和家长,在国家大力发展高等教育的同时,大部分人都觉得为什么在现有的社会环境下大学生的就业之路如此艰难。其实,这里面有很多原因,但从人才培养的角度来看,最根本的原因是宽进宽出的高等教育思路,实际上在推迟青年人进入社会的时间,从根本上说这是"头痛医头脚痛医脚"的简单回避,根本无法摆脱中国人口的庞大基数带来的劳动力的配置,甚至解决不了他们毕业后能否端起饭碗的问题。现在每年大学毕业生的人数已达七八百万之多,而社会能提供的就业机会虽然不少,但无法吸纳更多的大学毕业生就业。

第三,中国企业需求的人才和高校培养的人才不匹配。

大学教育是为社会服务,然而整个教育体制中最突出的矛盾恰恰是高等教育实际产出的"产品"——大学毕业生与中国社会当前的发展呈现高度不匹配的状态。

很多企业在招聘时,对所需人才有这样一条要求:有工作经验,虽然年限可能不同,但本质上都是为了能快速获取新员工的奉献能力,为企业的发展做出实质性的贡献。现在很多企业不愿为各类毕业生提供见习积累的时间和金钱,花更少的钱办更多的事成为很多企业的用人原则,再加上新技术日新月异,以及产业转型给企业员工带来的生存压力。

第四,中国产业发展带来的痛与乐对大学生乃至每个人自身成长的适应性和主导性提出了挑战。

产业变化发展带来的是挑战和机遇并存,然而是否适应它的发展变化,自身的学习和积累就显得至关重要。发展永远是动态的不可逆转的过程,适应不断变化的发展要求磨炼和积累自己,你才有生存发展的可能。说起来简单,做起来难,而怎么做更是需要审慎考虑的。

可以参照一下这个问题:企业对高校人才培养的希望,题目是"企业、产业和大学教育之间出现了鸿沟"。博鳌论坛2011年年会上,丹佛斯首席运营官方行健表示:主要的市场在美国,在中国也有很大的市场。我们做

空调、电机,还有混合动力汽车的一些零部件,这个产业是非常有前景的产业。现在面临的主要问题是企业、产业和大学教育之间出现了鸿沟。中国产业发展非常快,而且也急需各种各样的人才。企业要想未来实现进一步增长,人才是非常关键的。怎样跨越企业、产业和大学教育之间可能出现的一些鸿沟,这是我们教育面临的一个主要问题。

我们需要受过良好教育的大学生,但是我们更需要有全球视野的学生。企业希望进入新兴市场,需要有这样一些人才,他们具有全球视野,能够到中国、印度,所以全球视野是非常重要的。另外,除了基本的技能、知识和全球视野之外,企业希望未来的员工能够有这样一种就业能力。他们就是在面临各种各样的职业生涯发展中,碰到各种各样问题的时候,能够灵活地解决这些问题,能够适应全球化的发展、适应行业的发展。即使你受过很好的教育,如果你不知道怎么解决具体问题的话,还是不行。对企业来说,企业和学校之间的联合是非常好的,可以尽量地用整合的方式来培养学生。总之,每个希望自己有美好明天的人,应警醒自己、改变自己。

作为教师,我除了本单位的教学工作外,更愿意将自己多年的积累奉献给学生们。经过多次沟通争取,从2012年开始我终于有了在全校开设"与大学生的心灵对话"这门人文教育课程的机会。我真心想把自己多年的人生感悟分享给学生们,从不奢望每个人都能通过我的循循善诱而大彻大悟、一飞冲天,但我坚信现在的学生需要一份清醒、一份成熟、一个目标,更需要一种引领。从未奢望改变世界,也未试图改变个人,只要能对大家的思维和行为习惯稍有改善,为他们各自的理想而奋争,就是我之所求。大学生已经成年,那种说教的方式已经不为其接受认同。那么,发自内心的深悟,与他们进行平等对话,就是改善的开始。教育之于一生,对每个人来说,并不会意味相同,然而来自心灵之间的对话和正确引导恰恰是每个人必然需要的。

学生对从高中到大学外在环境变化的适应出现的问题,是我们急需研究和解决的。客观地说,其实,每个人都有对人生的思考和理解,对人对

事都有自己的认识。学生们从高中三年熟悉的校园、老师、同学来到陌生的大学、老师、同学中,独自面对学习、生活、情感等一系列问题。外在环境的改变必然让这个阶段的孩子产生一种高考压力得以释放后适应新环境的紧张心理。而大学里的新环境与高中阶段存在极大的差异,会让他们因此而茫然无措。而多数学生从原来身边的人那里得到的明示或暗示是大学是一个"象牙塔",因而对其无限憧憬。其实,说得明白一些,就是他们对大学及未来的了解仅仅来自一种虚幻的描述,而且对新生活的心理准备不足带来一些不适。当习惯了被关爱和包容的他们遇到具体的人或事所带来的麻烦时,必然没有做好充分的准备以从容应对。

正因为如此,大学教育的首要问题,就是对其学习、生活、思维、行为习惯的管理和引导。而进入新环境,学生们因为自我心理和周围环境的影响,尤其是同班、同宿舍同学的相互影响,可能产生内在迁移,甚至被同化。在这一阶段,不定型的个人信念、习惯、目的等必然会受到外部环境的影响而发生改变。这也是大学生的个性形成过程中无法回避的普遍性问题。

科学教育与人文教育是大学素质教育不可或缺的"两翼"。我在2012年开始讲授与大学生的心灵对话课程,与大学生尤其是大学新生展开积极的对话,将自己多年的人生感悟融入课程,建立教育者与被教育者之间的深入交流,使他们能在成长成才的道路上找到自己的价值和努力方向,最终能顺利地走上真正属于自己的人生之路。

本课程以对话形式,先从个人的成长经历谈起,与大学生进行各种话题的交流,希望他们能在成人节点之始深刻思考人生,找到自己、明晰自己、检验自己,坚定自己今后的人生道路。本课程是以在校大学生的人文素质培养为目标,针对大学生学习和生活的特点和需求开设的一门以话题讲解为主、师生对话为辅的综合性教育课程,旨在调动学生思考和参与人文素质教育的积极性和主动性,科学地培养学生的思维能力、行为能力、人文素质综合积累和应用能力,以及发现问题、解决问题的能力。

该课程每学期共21课时,主要内容包括我的奋斗和成长,爱国家、爱民族,情感问题,学习和身体的话题,当代大学生心理问题的纾解等。

现在的高校课程已改为选课制。我在教学中,第一节课会全面介绍授课内容、交流互动话题,以使学生事先有所准备和思考。在第一节课时,我会要求学生在第9周上交课程论文1篇,以"我的18年成长"为主题对自己的人生历程进行思考和总结,要求手写,字数3000以上,以此作为考核内容,结合上课时的表现予以评分。在每节课的最后,我都会留出5~10分钟,鼓励或指定学生上讲台自由演讲或提出自己的困惑,教师点评释疑或全体同学讨论。对所有上交的论文,我都会进行逐字逐句的阅读和修改,进行客观公正的评价,并都给出评语。在第10周最后一次课上,我会根据论文内容挑选有代表性的文章,并阅读、公布点评内容和得分。

而从学生们上交的数百篇论文到课后互通短信和邮件,从态度诚挚、互诉衷肠、倾听理解、感悟交流到把握今天、明晰未来等方面都可以看出,正因为人文教育课程的特征,我能在与同学们的交流中逐渐打开他们的心扉,使他们倾情讲述了自己的经历、纠结、思索、困惑和彷徨等。

每次课后,都会有同学主动与我沟通,或者我主动留下来和他们进行面对面的交流。无论是一对一还是一对多的交流中,我都会倾听他们的心声,尽我所能为他们答疑解惑,提出自己的意见和建议,直到熄灯铃声响起。从同学们之后发来的短信中,我看到了他们的感谢和支持,不但为他们的所思所悟感到高兴,而且因自己所能发挥的作用受到鼓舞和激励。

通过细致阅读和点评每篇论文,我能及时发现同学们存在的心理问题和不同要求,然后通过不同途径与他们继续进行面对面的交流,将心理教育和引导延伸到课堂之外。现代大学生的通病是交流的欠缺和偏颇。

学生提出了很多问题,甚至涉及家庭关系、个人情感等隐私。有的同学私下向我倾诉,情到深处时会泪流满面。他的父亲年轻时抛妻弃子,如今上了年纪竟突然回到他们身边以求宽恕。在与他一个小时的对话中,我劝他要努力走出缺失父爱的心理阴影,用男人的双肩挑起对家庭的责任,宽恕父亲就是自己最大的成长。对自己倾注无私母爱的母亲更需要

在中年孩子远离身边千里求学的个人寂寞中放下多年的怨恨,需要有人照顾和安慰。实际上,这不仅是孩子的一份宽恕,还是一种责任,更是一种真正的成长。最终这位同学的付出换来了完满的家庭和美好的未来,也让自己和妈妈都获得了新的人生。

在三个学期的课程教学中,我通过对课程的分析、研究和总结,发现问题,思考对策。对与同学们的交流和学生论文中反映出的问题进行归纳,主要总结了以下三个方面。

第一,个人学习目标的缺失。

我们不难发现,中国的高等教育普遍存在一个问题,就是大学四年的学习时间看起来很长,但对每个学生而言不是松了,而是紧了。因为教育体制改革后,高等教育将学生适应教育的时间从4年变为实际的3年左右,在最后一年左右的时间里学生需要寻找并选择适合的工作。然而现代教育的产品——多媒体课件的普遍运用,让师生都少了必要的思考和交流,学生们更多的是一知半解。还有教师的知识结构、教学方法、实践性不足等一系列原因,造成了通识教育的简单浅薄,教师和学生在知识拓展和延伸方面的思考和研究都越来越少。

在与同学们的交流中,我们能清楚地看到一个问题,就是小初高学习乃至思维、行为习惯的形成和发展至关重要。当今中国的高考录取率不可谓不高。例如,2013年1000万左右高考生,录取人数约700万。以我校为例,2013年录取人数5000人左右,70%以上的一本生,尤以内地生为主,应该说生源质量不错。但仔细分析就会发现,70%以上的学生来自农村。他们中的绝大多数人已经在父辈进城务工的情感缺失中、竭尽全力的物质支持下,走进了城市里的校园,已经忘记了如何耕种土地。他们从小就被父母竭其所能地送入乡镇、县城乃至地市的小初高,很多还进入省重点中学,甚至一些高中强校,如安徽省六安市的毛坦厂中学。然而正是因为求学的唯一目的是考上大学不断地被强化,他们中的绝大多数人缺少必要的生活积累。而进入大学这个同年龄、经历近似的聚集区后,这些问题会不可避免地被放大。

其实,大学里学习目的不仅是获得本科学历和学士学位等硬件。对每个大学生而言,大学其实就是"学会自我长大"。而"长大"的意义,不仅仅是书本知识、专业知识的学习,而且是一个目标乃至信念的形成和坚持。

在明确学习目的的情况下,每个学生因为成长过程中的不稳定性,如个人交往对象、同班同学、舍友的相互影响,却在不断强化或削弱学习的目的。

我朋友的孩子从内蒙古考到我校,其家庭条件非常优越。他来我校上学时,是其父母和奶奶一起送过来的。在他们分别时依依不舍的泪眼中,我似乎看到了孩子成长中必经的一幕。第一学年,他就因不好的学习习惯有三门功课亮起了红灯。每周我都会在上晚课之前和他一起吃饭,了解他的生活、学习情况,不断鼓励督促他多下功夫,告诉他采取一些方法尽快摆脱这种尴尬。通过他的不断努力,补考通过了两科。每个人都会在独立生活和成长的过程中付出代价。然而督促自己警醒和改变,尽快调整,才能不让这种代价影响自己的进步和方向。

而在另一个女生的论文中,我看到了一种相同的努力和成长、集体的凝聚和进步,更看到了自我改变和共同改变都是至关重要的。她和3位舍友通过一起学习、相互督促,在学习、生活、娱乐和旅行中建立了深厚的友谊和共同的信念。在大一第一学期,其中一个舍友获得一等奖学金,两个获得二等奖学金。

在我的课堂上,在师生相互尊重方面取得了突出的进步,越来越多的学生因为各种原因不能来上课时,基本都能向我请假。事分两面,在各种请假理由中,大多数是因院系、班级有晚间活动,或者是生活琐事、恋爱情感。多年来,我个人的做法是上课从不点名,因此可能被误解和指责。我之所以这样做,一是考虑到教育对象是成年的大学生,"该怎么对待课业",没有人会不清楚。二是自思自省。对每位大学教师而言,只有不断加强自身素养,不断修炼完善自己,把课上得精彩,循循善诱,因势利导,才能真正吸引学生。因为除了个别学生外,大部分人都清楚自己在大学中的主要任务"是什么",而且它一定是自己的,不是别人的。当然,在我

的实际教学中有许多问题需要解决,也有许多方法需要去想、去尝试。三是通过与学生们的交流发现,如今的大学校园里流传这样的说法"必修课选逃,选修课必逃,基础课想逃就逃"。且不说大二、大三的学生,即使是大一新生,也在入学后的短短时间里就开始认同甚至践行着这句话。难道这些不值得我们每位师者深思探究一下吗?

现在的大学生普遍存在"内向拘谨、不易和不善交流"的问题,可以尝试激发、鼓励等方法。比如,在课堂上留出专门的时间,采取上台自定题目演讲、小组讨论、课后与老师交流等不同形式,鼓励他们在众人面前主动挑战自己,敢于主动发言,勇于表达,让他们能在这样的交流中更多地发现问题、思考问题,让他们在学习、生活中不断完善人格、正确处理心理、情绪和思想问题。健康的心理和完善的人格,对每个人来说都是最重要的。一个人的心理是否健康,决定了他能否适应社会,能否生存于社会。对个人而言,社会实际上就是所能认识并交流的人和事的有机结合体。从他们的心声中,我听到了他们的困惑和苦恼。大学新生遇到的主要是对新的生活和学习环境的不适应、如何与人相处、处理生活琐事的能力较弱、找不到自己的学习目标和发展方向等问题。针对这些问题,我认为让他们之间进行深入的交流和探讨是非常必要的。其实,对任何人来说,只有自己才能决定自己,也只有自己才能改变自己。

第二,情感的选择和困惑。

情感的选择和困惑问题,在大学生中异常突出。一位男生是在初中时开始的初恋,其女友在另一座城市求学。从他的倾诉中,我了解到他对其用情颇深,一直真心地呵护对方。正是因此,当女孩子突然提出分手时,他痛彻心扉。后来,他和一个同学尽快赶到女孩子所在的城市,试图挽回这段恋情,但是遭到她无情的回绝。深夜,他失魂落魄地在那座城市的街头游荡徘徊,而身后不敢妄言的同学只能默默紧随。等我下课后,他主动和我面对面交流,向我倾诉这种郁结已久的痛苦。他无心学习和生活,希望我能给他指点迷津。我很快断定他曾经的恋人远隔百里、环境突变,应该是移情别恋了,才会出现之前让他难以接受的那一幕。后来经他证实,

情况果然如此。

我先帮他疏解心中的愤懑和不舍,告诉他恋情乃至爱情永远都是双方的共同付出才能获得幸福,而他的全情付出、包办代替必然打破这种应有的平衡。而一贯被照顾的另一方很有可能因遥远的距离而更愿接受近距离的"情感平衡"。其实,初恋对每个人来说,都是刻骨铭心的,而且是每个人在情感上走向成熟的机会。只有做好自己,把握青春,爱情必将不期而遇。我特地嘱咐他,我们之间这样的交流可能无法让他很快释怀,但是如果随时需要交流,我永远是他可以信任的朋友。最后,通过他上交的论文,我高兴地看到他已逐渐释然、放松,更欣慰地看到他上课时已消弭阴霾、全神贯注的双眸。

其实,任何事物都有正、反两面,关键在于你追求的是哪一面。恋情是否能修炼成爱情、亲情,关键在于两个人能否在相濡以沫中升华情感,因为共同才会永久。

2009年,我校开始招收少数民族学生。其中,有两名女生选学我的课程。一个性格活泼开朗,与其他同学相处甚好;而另一个稍显孤傲内向,上课时总是独坐一角。而她们的经历极其相似,都是在小学时因为成绩优异被选入苏州、无锡的班级。她们逐渐适应了初、高中的学习,已能说很流利的普通话,并顺利通过高考来到大学。在她们的论文中,我能体会到少数民族生活的不同和不易,也深感她们的经历给她们带来太多的改变。她们远离父母和亲人,在一个完全陌生的地方学习、生活,那种对自己的民族、父母、家乡、风俗、文化等的感情,又有几人能感受和体会到。

第三,对未来的迷茫。

教育产业化、高校扩招等给大学生就业带来很大压力。在教学中,我总能感受到太多同学对毕业后的未来感到迷茫、困惑,甚至恐惧。

当然,没有任何人可以预测未来。但是,如今的学生可以通过各种渠道获得信息,明确自己学习的目标和方向,并在学有余力的前提下积极参加社会实践磨炼自己,了解社会的需求,不断调整自己的方向,以应对不断发展变化的现实世界。同时,我们还应加强沟通交流,提高自己的人际

交往能力,以便毕业后能尽快融入社会。与本专业相关的被社会认可的证书,如造价师、物流师、会计师等资格证书,我们应有意识地尽力考取,虽然是一种比较功利的做法,但能增加你竞争时的砝码。

对于此类问题,我认为可以尝试以下办法:

一是利用校际资源,尤其是充分发挥"校友会"的作用,建立对话机制和论坛,让已进入社会的毕业生与在校生进行更多的交流,以使在校生尽早明确自己的目标和方向,不断调整自己的状态,带着目标、信念充实地度过宝贵的大学生活。

几年前,我就此专门上交过一份报告,建议有关部门和领导建立我校毕业生与在校生的交流机制,通过毕业生在工作和生活中的收获推动在校生思想、行为的改变。这样形式非常值得提倡,如能真正建立起来,影响将会非常深远。同学们回到母校重聚往往只是问候交流,觥筹交错。若能在停留的时间里,多与学弟学妹们交流,讲讲自己的经历、故事、体会和感悟,对双方来说都是一件非常有意义的事。

二是在校报、学校网站上设立心理板块,针对学生们普遍遇到的心理、成长问题,刊登相关文章,打通他们释放自己的渠道,还可通过有针对性的回复、心理辅导等形式帮助学生跨越心理障碍,调整心态。

三是通过科学合理的调查方法、渠道,建立学生心理问题的干预机制。其中的内容非常丰富,如通过分发、回收、统计"安徽工业大学大学生情感心理问题调查表",将统计结果作为参考依据,制定相应对策,更好地为学生们服务。

我一直认为,大学最应该给年轻人的是一种思想、一种思维和行动,而不是简单的理论的照抄照搬。没有人能凭借大学里的所学一直立足不倒,不断学习积累并能解决实际问题应是每个人一生不变的任务。"大学",我的理解就是"学会自我长大"。

第四章 入脑更要入心

导言：一个人能够静下心来，回忆自己成长中的点点滴滴，并不容易。计划今后的每一天该做什么，就更不容易了。因为世事纷纭，萦绕良多。只有自己静心，才能自省自清，理性面对以后的人生。

生命从开始，就必定是你、我、他的不同历程，也必定是一种独一无二的成长。回首自己的昨天，不论酸甜苦辣，不论顺利坎坷，必定只属于自己。

我的父母是老一辈高级知识分子，我自小接受他们较为传统的家庭教育，秉承了他们认为优秀的品质。现在我年已不惑，在大学里从事教学工作，因此对教育和人生有更多思考和实践的机会。中国的一些高校更多的还是存有把自己置于"象牙塔"式的虚拟社会的迷茫。虽然中国社会快速发展，部分高校在一定程度上有所开放，为社会的知识和科研输出做出了一定的贡献，但我始终认为，从知识分子的阶层划分的变革过程看，作为教师、知识分子——社会的良心、社会的脊梁，经历了尴尬的演变，他们易寻宗源，却在相当长的时间里难以找到立锥之地。1956年在以知识分子为讨论主题的会议上，周恩来同志代表党中央郑重宣布：知识分子的绝大部分已经是工人阶级的一部分，号召广大知识分子向科学进军。

教育之于人，必历一生。看清教育的本质，实际上就是社会发展中人的共同价值取向的认同趋向。和则进则兴，乱则退则废。纵观整个中国五千年的社会、人文发展历史，无不体现教育之于中国自身的规律。一个当下流行的词汇"萌"，其简单意义的理解和衍生演绎，从某种角度揭示了其深层意义。从本来的"初生"之意到今天中国动漫调侃式"卖萌"的含

义,何尝不是一种中国人自己的"开萌"。而引导性的释义,则可把"萌"字上的草字头看作每个人接受教育的三个重要阶段——小学、中学和大学。只有你经过这三个教育阶段,也许才可以说你成人了,可以参与真实社会的一切了。还有一种演绎,对每个人来说,它可能是老年、中年、青年三个人生阶段。而"萌"本身,一旦去掉了它的草字头,就是"明",其含义没有人不清楚。

"教育"二字,必含多义。"教"字之意在中国多见于外因,少时则主归于父母、老师,青年时则归于自身和社会交叠,而中年和老年时则必归于自身;而"育"则贯穿于自身,它的潜移默化才能真正作用于社会。人该有什么样的"教"?人们争论不休。而不管是厚积薄发还是薄积厚发的"育"的"积和发",又有多少人细细思量和深省。而这种积累的艰难并不在于外在条件的交叠和改变,更多的则是清醒时人人自我修炼,甚至脱胎换骨。因为个人的力量无法改变整个社会,但能改变自己。如今中国大多数年轻父母需要承受社会的重压、生活的快节奏等,自身本就没有练就钢筋铁骨,教育下一代的宏伟之责又从何谈起。快餐式教育的出现,考验的绝对不只是孩子的成长,更是父母对孩子教育的科学性和连续性。如果父母自己都还在囫囵吞枣,何谈再"教育"孩子。说到底,人类教育就是把每个人培养成符合现实社会需求和发展的"人"的塑造工程。

每个人如果静静地回顾一下自己的成长经历,就会发现,因为别人是怎样的,所以自己必须成为什么样的人,而很少有父母会从孩子自身之行为、思想出发,进行科学的分析,因材施教。别人的可能永远是别人的。教育的关键是怎么让受教育的个体感同身受,从而不断积累,直至改变自己。我们都不是天生的教育家,没有几个人能够科学合理地审视自己及对子女的教育,因此我们时时感悟和不断修炼是非常重要的,因为这不仅仅关乎自己的前途,更应作用于对下一代的教育,而且延续很远。

一个人人善于指摘、惯于抨击他人的社会,或许不是一个正常的社会。而人人愿意自省自责的社会,至少应是一个和谐规范的社会。对社会的任何评价,不管是美好的,还是不堪的,我们都能从美好中看到各种不堪,也能从不堪中进行更多的反思。正能量,之所以为国人津津乐道,是因为它是每个人都迫切需要和盼望的。教育,对芸芸众生而言,根本不可能是绝对公平的。然而品德的积淀、品质的磨炼,却对每个人来说都是至关重要的。才能、才艺只有基于德质之上,才有意义。古人云:"养不教,父之过,教不严,师之惰。"父母、老师拿什么来教育自己的孩子、学生,的确考验所有的为人父母者和为人师者。因为他或她,今天是等待浇灌的花朵,明天也同样会成为父母或老师。

从各种媒体的宣传报道中,我们熟读了对负能量行为的各种"剖析"。父母、准父母、关系男女抛弃甚至虐待自己的孩子,不负责任甚至残忍,这些常常是我们的第一感受,第二必是唾弃抨击,然而悲剧却时时上演。更有意味的是,这些"父母"是否有资格为人父母,他们自己是否成长和成熟,先不要说为了孩子,这些父母能否担起自己的责任。

从来到人世,直到今天成为在校大学生,年轻的一代,他们在想些什么、做些什么。能与他们深入地交流,是因为我有对这个时代的理解、感悟和警醒。在"安徽工业大学吧"里,有我与学生们交流对话的帖子。其实,从同学们的回帖中,我能发现很多问题,给他们认真回复和适当的引导,因为他们需要清醒,更需要成长,一如昨天的自己。人生,不在于你一定能够改变什么,而必定在于你做了什么、坚持了什么!

一、我想对同学们说之一

首先,希望同学们在最后的假期里开心快乐!快开学了,一切又要开始了!可能在同学们的贴吧里,老师发帖的几乎没有,但我确实早就想跟你们说些心里话了。主题有两个:一是同学们的思考、独立成长;二是我想对同学们说的话。

自我介绍一下,我是安徽工业大学(简称"安工大")新成立的创新教育学院(工程实践与创新教育中心)的万巍老师。众所周知,每年我校工程类都有3000多名同学要到这里进行金工实习和准备各种科研竞赛。很

多同学一定对我有些印象,不仅仅是因为过眼,而且因为"走心"。因为我还教授一门公选课"与大学生的心灵对话",已有三个学年,选课人数设定为115人,所以认识我的同学很多。值得一说的是,每次这门课在晚上9点结束后,都会有数名同学与我交流畅谈直至熄灯。当看到和回忆这些场景时,我总是感谢同学们,也感谢自己,因为得其所愿、不分你我,而这恰恰正是在大学这样的成长环境中不断学习、思考、交流、积累和改变的根本。

我于1986年从安徽工业大学(原"华东冶金学院")机械系毕业,那时19岁,被分配到一家机械企业,摸爬滚打,历练了15年,其间做过产品设计、工艺和销售工作,并因此独自一人几乎跑遍全国。很多年来,我更是在白天上班、晚上打工的生活中不断体味人生。我从一个曾经内向的孩子变成了一个善于沟通、懂得别人需要的知心之人。从2000年到2016年,我把人生中的又一个17年奉献给了安徽工业大学。回过头来看,今天我终于彻底明白当时的选择对自己人生的意义。因为自己的成长和人生道路,我一直坚信,正是因为自己的经历、思考、摸索和奋斗,才让自己有了更大的思考空间,而且拥有自由开放的对待人生的态度。我的生活中没有一天是可以放下心来大睡一觉的,每天过得充实快乐,虽已年近知命。也许你会以为,这样的生活不只是充实,可能更多的是忙碌后的疲惫吧?但我要告诉你,生命是一个不定常数,而在它的有限区间内,对每个人来说唯一相同的是每天的时、分、秒的绝对公平,但关键是你如何度过,而且我坚信没有谁、没有什么可以让自己改变,只有自己才能让自己改变。

简单介绍完自己,我想对同学们说:作为"被教育"的孩子,到如今走进大学校园,已经成年的你们是否想过"大学到底是什么"这个问题。其实,这是每位同学从开始进入大学就必须明确的。我认为,大学就是"学会自我长大"。你们想想看,因为远离自己熟悉的一切,在一个陌生的环境,已经成年的你必须学会独立思考、独立成长。而对于中国传统的教育体制,我想不应该只有否定,因为你无法改变资源有限的现实,只能在这种人才选拔的无奈而又必然的机制中拼争。你必须通过高考这样一种选拔机制和传统,才可能站在冲上云霄的起点。那么进入大学,你除了学习功课,更应该学习的是认识人生和体味人生。大一的同学们一定能感受到自己的大学第一年忙而乱,不是因为学习,而是因为要熟悉、要寻找。不管你来到大学前的过往如何,都要在这个大学社会里独自开始学会认识世界、探索世界,变得不再迷茫,找到对的人,去做对的事,不再在内心和嘴边挂着那份"迷茫"。也许你会问我,什么是"对的人""对的事"。那我可以这样回答你,你上大学的目的是什么,你认为自己有什么能力,不是扶危济贫,不是匡扶正义,而是你需要什么。你必须尽早认清,尽早坚定,尽快去追求,因为明白了自己需要什么,你才会真切,你的人生才会充实。少年时学习,一定是"被教育",而今天已经成年的你们,首先是应该明晰"自己到底需要什么",然后就是"我怎么才能做到"。

对于这个问题,最重要的就是一个人,一个学会长大的人,一定会在内心和行动上每时每刻确定无疑地告诉和提醒自己:我该干什么,该怎么干。时间会明确无误地告诉你:你今天拥有了什么,又丢弃了什么。成年未必意味着成熟。当一个成年人明确了肩上的责任,有了第一个目标时,他便用努力使自己认清奋斗的过程,那样才会收获成长,才真正懂得成长的意蕴。责任,首先是对自己负责。不是吗?因为有一天,你必然为人夫为人妻、为人父为人母,直到满头白发、儿孙绕膝。大学生必将是社会的中坚和祖国的未来。也许,有同学会问我:"万老师,您没说完啊,一个人的肩上到底应该扛起什么?"我要说的是,不仅仅是双肩,还应有明确的目标、成熟的思想,多年积累后应该长大的你。你们说是吗?

我自从回到母校成为老师,一直非常随和宽容、善解人意。在17年的教学生涯中,我清楚地记得自己很少给大家不合格的成绩。在选修课教学中,三个学年里,为了能吸引更多的同学来听课,我付出了很多心血,甚至上哪节课穿什么衣服更能营造课堂氛围都要用心琢磨。每学期都会有一小部分同学,本应上21节课,竟有只上一次(3节)课还要有1节课不来的情况。这门课程没有考试,只是让同学们在课程结束前的那次课上交一篇3000字以上的个人成长回顾文章,题目自拟,以作为课程的考核作

业。在课堂上,我从不点名,而且始终认为师生之间都应该再清楚不过,我们各自应该干什么、怎么干。不管从何种角度来说,其实师生之间是一种相互紧密依存的关系。从契约关系角度来说,你选学我的课,我教这门课,我们就是供需双方,你不来上课、不请假,就是违约,更是失信。我之所以不打不及格、上课不点名,不是我纵容和不负责任,而是我一直相信,作为一名大学生,基本的"规矩"应该是你的,而不只是我的、别人的,我更不想像初、高中老师那样对待你们的这种行为。

后面,我会对"与大学生的心灵对话"课程做设想中的改变,因为倾心所想、倾其所爱,除了以往的成功,我必须尝试和改变,一步步坚定地去实现自己多年的设想。在以后的课程中,除了我跟选课同学的对话交流,还将邀请比较成功的年轻人走进我们的课堂,跟同学们讲讲他们走上社会后的成功与失败、选择和成长,说说他们的心里话,也会让更多的同学讲讲他们的困惑、苦恼、理想,因为人生总要向前,人生总该向前!

我坚信:"人,注定只能回忆过去,度过(把握)今天,谁也无法预知明天,但你今天的一切奋斗一定会奠定你的明天。"

感谢每位在"快餐文化"盛行的今天能够读完这么长一篇肺腑之言的同学,也许你不屑一顾,也许你不以为然,或许你心有所动,或许你受到启发,但我都要感谢你,因为你有了自己的感受。

下面是一位同学上交的一篇文章,与大家分享。因为她,也是我们当中一朵默默无闻的小花!

我的那些年

今年9月8日,我突然意识到自己已经就这样在这个缤纷的世界上花费了22年的时间。回首,原来我的那些年也不是什么都没有,乍一想,只能说:"呵呵,还行。"

1. 当还是一个懵懂的小孩时,我对这个世界充满好奇

从我对自己的家有了第一次认识开始,我就知道自己不能像家庭条件好的人一样过着优越的生活,从那时候起我就记住了一句老话"穷人家的孩子早当家"。毋庸置疑的结果就是,我从进入学校接受教育开始就成绩特别突出,从不羡慕别人,也不看轻自己,怀有一颗努力上进的心。也许我抱怨过,也许我自卑过,但那些都是一个孩子正常的心理反应,不是吗?

爸妈对我的教育就是不管,让我自己把握。记得三年级的时候,晚上放学回家写作业,书本上每一章都有一些竞赛类的高难度题目,我不懂,于是拿着书去请教老爸,得到的答案是一顿鞭子,还有一段让我真正独立的话:"你念书是为我念的吗?你还没有仔细思考就来问我,你怎么不思考就知道自己不会写呢?你就这么没有独立思考和解决问题的能力吗?"从此,我再也不问他难题,甚至到后来我爸还主动问我怎么不像其他孩子那样需要父母的辅导,当时我还觉得挺骄傲的。这就是后来为什么我能在最短的时间适应新环境和解决新问题。

在我的那个小家里,我爸的看法是女孩子一定要会照顾自己,一定要对家务和农活非常拿手,所以一般放假在家我都要洗衣、做饭和清扫。这些都是我每天必做的,有时候还要和爸妈一起去地里干活。用老爸的理论来说,就是"只有亲身体会劳动的辛苦,你才能知道读书有多么重要,读书的机会是多么来之不易"。他觉得,一定要认识那些庄稼,要知道那些东西从播种到收获的过程,因为即使再富有也有买不到的东西。

2. 成长伴随着改变和许多未知的挑战

我就这样一直独立地生活着,在离家很远的地方读完初中,进了高中。或许是父母灌输的概念比较少,我很快就觉得自己跟不上别人的步伐。每天高强度的学习让我喘不过气,我越来越不想学,偏科越来越严重,成绩就越来越不好。在这个时候,他,走进了我的生活(以后一直都在)。

每天我们一起讨论问题,但那时他迷恋上网,疯狂地逃课去网吧玩、约会、跑跑卡丁车。于是,我跟着他,一直黏着他,甚至因为生气扔掉他的书包,这样才控制住了他那无尽的欲望。后来,我们决定静下心来好好学习,一起努力,对未来怀着美好的憧憬。然而,现实是残酷的,在新课改的实验压力下,我们这一届考得都不好,我和他都不幸名落孙山,最后的结

果只能是补习。当时,我还想爸爸怎么会答应我去补习,以为爸爸不知道我在学校表现不好。后来我才明白,他就是这样,认为我应该自己明白和把握一些东西,他愿意给我一次机会。

补习的一年是充实的,我俩的确都很努力。可是,对我来说时间总是不够,因为我是班长,所有的东西都是我管,没有课代表,没有其他班干,只有一个班长。每天卫生、纪律和学习等很多事情压得我喘不过气,每逢联考我还要改卷子,统计分数。就这样在忙碌中过完了补习的一年,再次参加高考(我这个人就是心态好,参加几次高考都没什么感觉,往那里一坐埋头苦写,就什么都忘了,哪还知道什么是紧张)。结果可想而知,与二本分数线相差7分。这次爸爸终于生气了,如果征集志愿走不了,我就得和学习彻底说再见了。在还没来得及从打击中清醒过来时,我就已被爸爸打包收拾丢到了上海。

人生有太多的意料之外,没有接触过繁华大都市的我,惴惴不安地待在那座陌生的城市,从此开始了天昏地暗的生活。

我在一家规模不错、待遇不错的电子厂上班,每天工作12小时,半个月换一次班。就这样,每天我上班下班,两点一线。我这个人生存能力强,一个星期就和整个厂的人混熟了。很多比我大的同事都说一看就知道我刚出校园,身上带着一股学生气,所以对我也颇为照顾,有些同事一直到现在都有联系。

所以,我也不是一直都很痛苦,至少学到了很多在学校学不到的东西。主管告诉我,你永远不可能和自己所在部门的人成为好朋友,因为你们之间存在利益冲突。这个社会就是这样现实,弱肉强食,为了奖金、工资和职称,你很可能被平时那些所谓的好朋友在背后插上一刀。于是,我学会了怎么和自己部门的人打交道、怎么和其他部门的人打交道,学会了怎么和领导交流,怎么让自己在那个水深火热的环境中表现得不那么单纯。

可是后来,随着很多同事的跳槽离开,我也动摇了。那时候每天只有和他通电话我才能心安,但是他也总是不停地问我:"难道你就甘心像现在这样,难道你这一辈子就这样靠出卖廉价的劳动生活吗?"我常常扪心自问:"自己真的想这样吗?我是不是该任性一回,该为自己争取最后一次机会呢?"我的同学都认为我应该读书,校园才是更适合我的地方。

起初我还在纠结,但是后来公司的残忍让我难以忍受。有一次,我连续上了19个小时的班,从前一天晚上8点一直工作到第二天下午3点,因为换班的那个人没来,我原本以为自己晚上就不用工作了,结果领导给的命令是晚上10点继续来上班。我开始吃不消了,处于崩溃的边缘。上班开会的时候,我眼前一黑,晕过去了。正常的做法是赶紧送医院,但是他们没有。主管只是让我的同事用我的手机打电话告诉我弟弟把我背回家,这可吓坏了我爸妈(那时他们也都在上海工作),之后那份工作就丢了。

于是,我和爸爸开始交流。他坚决不同意我的想法,说大不了换份工作,但是想回来读书是不可能的。他说家里没钱,说我已经把自己的机会浪费了。我没有放弃,我觉得爸爸还是愿意给我机会的,只是他想让我更加坚定。于是,他不停地给我找工作,我却不停地以各种借口不工作,有时去两天就不干了,有时直接不去但也不回家。就这样,爸爸妥协了,问我到底想怎么样。我说我要读书,我不想就这样一辈子当个可怜的打工仔。他还是不肯松口,我就给他写保证书,承诺:如果我考不上理想的学校,我就听他的,以后他替我做任何决定我都听。如果爸爸不愿意花钱,我就向他借,以后等我能赚钱的时候还给他(其实我知道爸爸不会让我还的,他就是这样一个用自己的方法不断激励、永远爱我的爸爸)。就这样,爸爸终于愿意送我去上学了,给我最后一次机会。

3. **生命之舟重又启航**

在原来班主任的照顾下,我再一次踏进校园,一个人的战斗打响了。一年的时间说长不长,说短不短,足够使我忘记很多知识,但是这对我来说没什么,我相信自己可以重新启航。

开学一个星期,我就在陌生的集体中很快适应了。年龄的差距、生活经历的不同使我特别突兀,但是我觉得自己是来念书的,不需要花太多精

力去解决那些人际交往问题。一个星期，在一个人的世界里，除了书本，没有其他。就这样，我迎来了月底的第一次联考，我竟然考了全班第四，特别是英语，考了全校第一。在那个补习班里，成绩好的人很多。于是，我出名了，引来了老师的关注。他们本来就对我的经历比较感兴趣，就这样我遇到了人生中一位特别重要的老师。

他知道我英语好，理综不好，所以上英语课时我可以不听，而是写理综卷子，课余时间会帮我补一些不知道的知识。补习一年，我没有买任何资料，因为他总是会用办公室的电脑帮我下载很多卷子，找到我薄弱的地方，想办法帮我提高；我心情不好时可以去办公室和他聊天，他会放歌给我听；我不想在班里上自习的时候，他就把自己的办公室让给我，让我吹着空调看书；他桌子的抽屉里总是装着许多我喜欢吃的东西，因为我经常来不及吃饭或忘了吃饭。我觉得他给我的爱和关心是其他任何人都不能比的，而我给他的回报就是每次学校考试我保持英语第一，高分稳定，让他不会担心，而且觉得很骄傲。

老师给我的是实际的物质帮助，我的那个"他"给了我莫大的精神鼓舞，那时候已经在上大学了。他不会回来看我，就算有假回来，也只是给我买卷子，检查他布置给我的作业有没有完成。他会因为我不看书狠狠地骂我，会在我考得不好沮丧时安慰我，就连我的生日礼物，也都是他送的书和草稿纸（我们数学老师说，没有草稿纸的学生不是好学生）。他知道自己是唯一能干扰我的人，所以很少给我打电话，总是想尽办法刺激我加油，给我承诺，给我希望，让我朝着那个希望不停地前进。

终于我追上他了。填高考志愿的时候，我坚决填了马鞍山，但是老师和爸妈觉得我的成绩可以上一个更好的大学，非要替我填了几个外省的211院校，把马鞍山填在了第三位。他们也没想到我注定是要来马鞍山的，前面的志愿都被擦掉了，然后我就来到了安徽工业大学。即使学的专业是我最不喜欢的，但是至少我在这里，在这个离他最近的地方。

虽然我来了，但是并不代表我们就能经常腻在一起，也许别人羡慕我们的爱情长跑，但是我自己却觉得没什么意义。他只是一个礼拜找我一次，陪我吃顿饭，没有约会，没有激情，只有平淡得像例行公事一样的一顿饭。我们偶尔还会争吵，以前我或许会生气、会抱怨，但是现在的我想开了，也许平淡才是真正的幸福。很多事情不一定要看别人的，自己的方式也许会是别人羡慕的，所以还是做自己最重要。

4. 那些曾经让我对未来充满希望

转眼之间，我已经在这所大学生活了一年多，有开心、有压力，但更多的是不断地收获、不断地成长。多彩的校园活动让我结识了很多才子佳人，独特的教学模式让我体验到别样的学习乐趣。

人生总是这样，我们不停地向前，虽然向前是正确的，但是不要忘了偶尔回头看看，是你的那些年铸就了你这样的现在。回忆虽然有酸甜苦辣，但是值得我去回味，因为那是见证生命的里程碑。站在另一个角度看待你的过去，也许你也会像我一样觉得"呵呵，还行"。

我现在已经大二了，时间过得很快，时间不停地继续，我的脚步也没有停下来。学习是我目前最重要的事情，因为转专业，我又得不停地追赶别人，但我一直相信我能赶上，因为我一直在追赶，而在追赶的过程中我乐此不疲，因为在这追赶的路上我看到了不一样的风景。

希望没有过去和有过去的你们，也都能不停地追赶。也许你觉得没有必要，但是如果你给自己设定一个目标，如果你能达到，就会觉得特别充实满足，那是一个你原来差点放弃的幸福，所以怀揣着过去沉甸甸的梦想，努力地向未来追赶，无论过去还是未来，这些都是你在缤纷多彩的世界里走一遭的最好的证明和纪念。

我的评语："生命之舟重又启航"这个标题让我深受感动和震撼。在我们学校不敢说这样的孩子很多，但至少可以说，有这样经历的女孩少之又少。其实，从你的倾诉中看得出你没有抱怨父母的放手，因为这样让你有了成长的空间，也得到了大多数孩子不可能有的磨砺，虽然这本不是中国家庭哺育孩子的共性。

既然已走在一条同龄人很难遇到的路上，那么你的喜怒哀乐只有自己

才能真正体会。从父母那里得到的、从恋人那里得到的都应该是力量,成长的力量、成熟的力量。希望你今后不再是一个人前进,因为你已经有了同龄人难以获得的感悟和成长。

请你和大家都记住这句话:"人生总是这样,我们不停地向前,虽然向前是正确的,但是不要忘了偶尔回头看看,是你的那些年铸就了你这样的现在。回忆虽然有酸甜苦辣,但是值得我去回味,因为那是见证生命的里程碑。站在另一个角度看待你的过去,也许你也会像我一样觉得'呵呵,还行'。"因为人生总是要向前的。

帖文发出后,在很短的时间内就有200多位同学回帖。这些回帖大多都是一些积极的反馈和思考,也真实地反映了现在的大学生活。我把一些回帖放在这里,与大家分享共勉。

"老师说得很有道理啊,值得好好思考和记住。

"想当年选万老师的课,从不逃课,喜欢您这样的老师!顶!

"全部看完了。老师,我是上学期上您课的学生,很感谢老师给了我95分的高分。上您的课绝对是人生的一笔财富,谢谢老师!

"读此帖,如酷暑饮冰,痛快!老师这学期开课的时间是什么?想去蹭蹭。

"行动过后才有说话的权利,学生们只懂得道理没有用,懒惰才是最大的敌人。

"看完了,最喜欢那句话:安工大想成为更好的学校,不能只靠教职工。

"读完了,感触很深。老师的每个字都切中肯綮、振聋发聩。有多少同学满怀热情地来到大学的校园,最后却沦为'不堪大用'?这不仅仅是我们学校的情况,也是各大高校学生的通病,有的好了伤疤忘了疼,有的三分钟热度,有的三天打鱼两天晒网。希望有时间能找您聊一聊,也解决一下我心中的问题。我会好好地感受和体会老师说的每个字。

"我大一也选了万老师的课,可是当时认识不到别人的经历和经验是

非常宝贵的。老师上课讲的东西我就当作听故事了,不过真的很精彩,那样的生活真美妙!现在慢慢明白了一些事情,可是路是我自己选的,所以坚持下去吧!

"印象最深的还是那句'很听话,却不堪大用',我想不仅后半句是贬义,前半句也是。一个很听话的孩子会怎样呢,事事听别人的说法、征求别人的意见。这固然是优点,可是当他在问别人的时候,他自己的想法自然已被否定。没有自己的创新意识,是不是就造成了后面那句话的结果'不堪大用'呢?万老师,这只是我自己的想法,因为这句话或许是很符合我当前的状态,所以有感而发写了下来。

"谢谢老师!大学是什么,学会长大等的感悟和思考。

"可惜我已经毕业了,其实专业课学的知识跟我现在做的工作没多大关系。想想自己的大学时光也是虚度了。说起来,大学确实应该好好玩,但不是玩游戏、逃课、睡懒觉,而是应该让自己慢慢成熟、成长。工作后我发现,基本的专业素养、与人交往的沟通能力、塑造热情自信的性格、坚持努力上进的想法,这些才是在大学里最应该学到的。"

还有"工大老师挺好的,同学们也好,携手共进"这样的激励和振奋。但是,也有"可是一些课我实在学不进去,上课真的从来听不懂,而且我平时作业做不好,班里同学都是各玩各的,我们班成绩好差的""有时间真想和老师交流一下,毕竟心里太压抑"等困惑和迷茫。

二、我想对同学们说之二

这学期即将结束,同学们又要背起行囊归心似箭了。我祝所有归家的同学一路平安,享受快乐的假期,也祝所有外出打工和社会实践的同学身体健康,快乐历练!

上学期有感而发了"我想对同学们说"一帖,承蒙300多位同学读帖,并给予深情的回复,在此深表感谢!我只想对同学们说些知心话。其实,

与大学生的心灵对话

　　一年光阴又过，我们真的已成为师兄、师姐，不再是萌弟、萌妹。新一届的师弟师妹们又将走进你我的校园生活。有一个问题，我想问同学们："你们在这一年里，到底记住了什么？成长了吗？得到了什么？"当然，有的同学可能感觉自己得到的是一种成熟，因为所有的问题都需要自己直接面对；而有的同学失之东隅，成绩、感情、成长、感受都让自己如温水里的青蛙。其实，用一句更明白的话说，就是你是否知道自己上大学的目的，你是否重新找到了目标。如果没有，那么这一年如鲠在喉的困惑和失败的感受必将伴随你的大二、大三生活，而到了大四那就意味着你根本没有做好走上社会面对风雨的准备。有的同学说："哎，人为什么非要这么累呢？"但请你想一个自己可能从未想过的问题——假使我没有父母怎么办？难道我……也许你认为万老师怎么会问你、逼你去想这个问题，我们怎么可能遇到这个问题呢？其实，在我接触的同学中，这样的情况确实存在，而这样的同学都很努力，不断改变自己，同命运抗争，那种执着和坚毅是很多同学都无法想象的。从周一到周日，他们没有任何休息时间，更不会抱着自己的手机和电脑做偏离信息革命、信息社会意义的"手机畸变"之事，因为那样除了让你同样消耗人生最公平的每天24小时和浪费生命以外，没有任何意义。

　　万老师除了在本校教学的首要任务外，还利用业余时间在马鞍山职业技术学院和技师学院代课，已经11年了，其他的社会历练无数，从来不知道什么是无事可做。记忆中许多同样年轻的面孔，却被不同的所谓"命运"分隔。有没有同学还能想起，懵懂求学开始的那间教室里的同桌今归何处，他或她还好吗？没错，人生就是这样一直向前，谁说自己掌握不了自己的命运。因为你或许没有意识到，自己过去所做的一切，让你来到了安徽工业大学的校园，来到了这样一个小社会，来到了这样一群人中。而你曾经认识的一些人，有的已经清华、北大毕业，有的已经为人父母，甚至离开这个世界。而你有一天亦将成为父母、爷爷奶奶、外公外婆，甚至……我曾多次问过我的学生们，你们从7岁开始就坐在同一间教室里，而今沧海桑田，你们在这里，他们又在哪呢？当然，他们中也有人不安于现状，想通过再次努力,或者通过各种奋争改变自己的人生。这种认识、这种力量,其实没有人可以给你,只能源于自己心中的目标。因为我的曾经,所以我不想也不愿沉沦,当我的孩子抬头问我"爸爸,你年轻时有什么故事"的时候,我能非常自豪地回答。有的同学一定会问我:"万老师,我什么都懂,但就是不想做,没有毅力去奋斗。"那我要告诉你,这就是问题的所在。改变世界,没有谁有这样的力量和造化,然而改变自己,就是改变世界。你必须为自己的前途而奋斗,因为青春有限,而机会不常有。当我手抱嗷嗷待哺的儿女,眼前是我的爱人热切期盼的眼神,我的力量、我的抗争肯定在这之前就应该有所准备。人们的选择一般会有三种:一是奋勇向前,二是迷茫观望,三是自甘毁灭。人生的选择题,在这里就是三选一,而相应的你走上的社会之路也是三必选一。

最后,做一个广告,我主讲的人文选修课"与大学生的心灵对话"的时间是每学期第四周至第十周的周五晚上。从下学期开始每周三晚上,我将开设"工程材料话今夕"课程,让同学们了解和思考关于人类必须依存、改造和创新的各类工程材料的知识,通过独特的教学方法令大家耳目一新。

同学们的一些跟帖令我激动、振奋,如"我要耐心读完,毕竟第一次见到老师的发帖""老师说得很实际,也很有道理,人都需要目标""我知道无论用多么华丽的辞藻来形容楼主帖子的精彩程度都是不够的,所以我只想说一句:您的帖子太好看了,我愿意一辈子看下去""万老师教什么的?这么接地气,我也去选您的课""感动,感慨。有时候感觉这个世界不公平,人生来所获得的外界资源和自身素质就存在高下之分,有些可能不是用努力可以弥补的。不过,每个人又不能没有理想、信仰。我感觉人的一生就是运气加努力,自己能做的就是力所能及的努力,不讲要多厉害,老的时候感觉没白活,快乐就够了""一碗好鸡汤,好喝""第二次看万老师发帖,还是一字不漏地看完。每次看都有收获,希望老师能经常来吧里发一些自己的看法,让我们这些可能没有时间去上您课的人也能聆听您的教诲""新生,读完帖子,启发心灵,意义深远。期待您的课""2012年选过您

的心理课,还上讲台了,大学里为数不多的上讲台""难得有老师说出自己的真心话""敢说真话的老师,赞一个,老师的帖子让我感受到自己是安工大人""从老师回复每个人可以看出您为人处世的态度,态度决定了成功的一切,向您学习""谢谢老师,老师让我体会到这个社会的残酷与黑暗,正因为如此,我很后悔,后悔没有好好学习,虚度光阴""很难看到贴吧里有老师的身影,万老师很棒""没上过老师的课,遗憾啊!现已毕业,没机会了""老师说得很对,下学期我要好好做人,这学期什么都没学""选了万老师的金工实习,课余您跟我们说的那些人生感想,我都铭记于心,也时时自省""万老师,您好,本来想说很多话的,感谢您。尽管我只是在金工实习时听您讲过那一个小时的课,却庆幸安工大有您这样优秀的教育者,也希望您也能在本部开设课程"。还有人愤怒地说:"老师纵容学生,某些学生的不正确观念却被认为是正确的!真的希望能多一些像万老师这样真正关心学生、了解学生内心的好老师!"

我的回帖:"你说得太好了!切中时弊!确实是师生两方面都有问题。……老师和学生该怎么改变?其实,很多同学和老师都没有想过。当你处在人生、学业、事业发展的不同阶段,重要的不只是硬件条件好,发展的关键应是自己努力成才。百年清华、北大,不只是外表的流光溢彩、金碧辉煌,缺少求知求学、治学上进精神的校园又有什么值得炫耀呢?而大学四年是每个人4/80的人生片段,不仅仅是泰山的雄踞、世纪塔的高耸,四年里你得到了什么才是最重要的。对每个同学来说,自我改造和积淀的不仅是外表的高大上。虽然我们的校园确实没有多少值得夸耀的地方,但既然如此,我们为什么不努力去追求自己心中真正的高大上,而不要怨天尤人、自甘堕落。这才是每个安工大人应该思考并努力解决的问题,否则你只会因外在而怨天尤人,而不会有在普通的教室里相互交流、共同提高的自我改变。十年树木,百年树人。请记住,只要还有明天,我们就必须努力!因为师生,永远是大学和社会的中坚力量。"

有人这样激励自己:"应届毕业生,继续考研,上学就要上好,人生就需要逼自己一把,需要一次破釜沉舟。"还有同学这样跟帖:"惰性是本性,还是受环境影响更大?""考前看书中,感觉好多平时不懂的题目现在看看就会了,是平时太浮躁吗?""老师,我觉得期末考试许多人突击也能考得很好,作弊也能拿奖学金,没意义,真的没意义。"随后,有同学这样说:"一学期的认真敌不过考试前两星期的努力,突然有点迷茫了。"我的回复:"但人生真的不是两星期就可以搞定的,那可是80多个春秋啊!即使感觉花了时间也没有得到预期的收获,但什么都难敌坚持的力量!因为社会中投机取巧的人太多,然而总会有一天贻笑大方!"

即将毕业和已毕业的同学说:"明天就要去公司报到了,今晚不知道为什么一直睡不着?有点害怕。""打工好累。""工作难找。"我的回复:"工作好找,称心很难!但没有前期的难,就不会有真正的如意!"

有同学问:"学校里还招人吗?"我的回答:"招人!但就是要求太高,除辅导员和体育部外,我校全部要求博士学历,而且重要专业必须是名校博士。不过,我们周围的文天学院和工商学院、职业技术学院,一般只要求硕士学历,但是求发展不太容易,谋生是没问题的。多说一句,如果想当老师,学历是硕士的话,职业学校还是不错的,但马鞍山的几所学校我都比较了解,待遇还可以(相对本地而言),但入编身份不易求。"

有同学问:"好吧,本科生都快没用了,尤其是文科的本科生,几乎毫无用处,因为现在好多工作都要有工作经验。您说我们刚毕业,哪里有什么工作经验呢?"我的回复:"不是没用!因为现在每年有700多万本科毕业生,社会竞争力确实在不断下降,这是事实,虽残酷,却无奈。尤其是学校和事业单位对学历的要求,确实是水涨船高。但我认为先工作几年,积累一定的社会认知和体验,再找准目标,求学硕博,未必不是一个好的选择。"

有学生问:"只不过爱情婚姻又当头,实在无法分心取舍,但这是必需的青春奋斗,否则后期无益。确实,先从底层做起,结果被父母说是没出息。等你做到管理层时还没稳定,家里又逼着结婚!"我的回复:"的确,父母的话有点伤人!他们有点功利,但也好理解,是社会现实所迫。清楚自己的目标后,就该义无反顾地努力实现。任何事都是从头做起,否则了无

根基、举步维艰。还有就是,结婚后不要觉得自己已经人世沧桑,还要平衡家庭与工作。告诉你一个件事,我19岁大学毕业,41岁硕士毕业。其中人生百味,你自可猜想,但我不枉自己、不枉人生。"

有学生问:"不止我一个,其他同学都被说得想撞墙。现在好想回去考研。好佩服万老师啊,如果是我,肯定坚持不了。不仅怕被别人说,还怕被父母、乡亲们说。虽然父母不理解,但我也不能按照自己的想法生活,因为父母现在年过半百,我不能再自私了,只有工作才能维持正常的生活。"我的回复:"确实,人生有时好无奈。父母年过半百,只有尽孝当前。虽不甘心,只待时机。因为只要你心不死,希望永远都在!愿你有一天能对自己说,我虽未达巅峰,却已尽人生!真心祝好!"

有的同学说:"嗯,共勉!"有人说:"大学的考试不应该只是过关性考试吧?"有人回答:"如果觉得水,你可以去考研!不明白这有什么好抱怨的?有些人觉得别人突击一下就跟自己考得一样就心里不平衡。突击破坏了公平吗?没有的话有什么好说的。"还有人说:"万老师所言非虚,自2009年参加双选会还未出校门就找到人生第一份工作以来,6年间辗转各地,换过几次工作,有因为待遇,有因为自身,还有专业不对口等原因。2010年从母校电气工程及自动化专业毕业后先是投身于汽车制造业3年有余,而后自觉颓废,不忘初心,南下至南京从事电网规划工作,一切从零开始。迈出那一步需要勇气,那是打破安逸的勇气。后来,叶落归根,再次回到家乡,买了房、贷了款、娶了妻,还未生子。其实,母校给了我很多,教会我的不仅仅是书本上的那些知识,更让我感受颇深的是母校教会我如何每时每刻把自己当作学生的心态。转专业,挑工作。后来才发现,无论做哪种工作都要从零开始。最可怕的不是无知,无知会让你虚心,会让你谦卑,从而结出优良的果实。最可怕的是无所不知,当你自觉无所不知的时候,结出的多是恶果。感谢母校在我青春年少时对我的宽容,感谢母校在我迷茫无为时将我收留,我知道你永远只能是我人生路上的一个驿站,休整后我要重新踏上自己的人生路。而我也知道你会打扫一切,犹如当年,等待下一个和我一样的年轻人留宿、感悟!"

三、我想对同学们说之三

又是一个新学期,同学们在春节与家人团聚后整理心情,重回校园。我把前两篇帖子发到安徽工业大学吧论坛,后面有同学们的300多个跟帖,因为作为师生和朋友,在贴吧里进行交流,能做的应该有很多,只不过不是常态。倾听同学们的声音,尤其是心声,却一定要有既为朋友、又为老师的真诚。

下面想再跟同学们聊一个话题,以引起同学们的思考,做好面对不远的将来的准备。中央电视台2套曾在晚间节目《新闻调查》中播出了《毕业了》(上、下)两期节目。节目的内容是大学生即将毕业寻找工作的全过程实录。节目里的主人公全是南京大学文科、商科的硕士研究生。三个主人公,二男一女,分别是来自江西、安徽、广西的学生。而他们的求职经历一定能给大家带来一些思考和启示。因此,我想对同学们说的是,希望你们深入思考、做好准备,每个大学生能做的、该做的,应该还有很多。在提出建议和想法之前,我先提一个问题:一是为了检验你们的思考力、成熟度,因为我们都已成年;二是提出问题让你们事前思考、调整和准备。你既然已是我们学校中的一员,先不说你为什么选择了安徽工业大学,当你身处大学校园的某个地方,那你知道我们学校有多少名本科生、研究生,有多少个专业,有多少特色专业,有多少一、二级博士、硕士点,甚至你在哪儿能买到什么,能配把钥匙,等等。

这些对你来说是必须要知道的。其实,每个人的成长都是心智的成熟。在2~4个面试官的注视下,我们进行10~20分钟的即兴对话或小组讨论,这何尝不是一种人生积淀之后的勃发。而招聘企业的最终选择或许不是你所能预料,因为除了自我发挥,决定权并不在你的手中。在节目中,安徽学生的求职单位是一个很不错的中学,而参加面试的各校毕业生确实不少,面试的题目是试讲"马克思主义的诞生",而主人公不知道是因为紧张还是忽略,在黑板上竟然写成了"马克思的诞生",在整个试讲中语言表达的流畅、仪态的沉稳大方、节奏的适中、重难点的把握等都不太理

想,结果可想而知。

而广西的那名女生选择了上海的6个面试单位,6次往返南京和上海,有面试失败后的思考和提高,在案例小组讨论中留下了个性较弱的缺憾、面试官认为可惜后的放弃,到回校等通知的煎熬、知道结果后的小失望,却又要面对下一个企业的面试。而下一个企业是携程网上海总公司,前几次的失败使她变得更乐于思考,她及时调整自己的应聘方法和技巧,最终获得了自己比较满意的职位,心怀去大城市工作的兴奋和期待。这个女生的故事中有一个细节,当携程网的前台人员领着这些应聘者下楼的时候,女生问了前台人员一个问题。前台人员告诉大家,脚下的整栋大楼,甚至旁边的整栋大楼,都是携程网的总部。在如今的信息社会,你想获得超越别人的机会,除了具有所谓"硬实力",更需要具有一种观察事物、思考对策并能有效执行的软实力,而这种软实力绝不是学习几本教材就能获得的,而需要不断实践和磨砺。有的同学看到这里肯定会说:"老师,我没有这样学习和实践的机会呢?"但是,我要告诉你,修行在个人,觉悟始人生,机会靠自己主动争取,而不是靠天上掉馅饼。当然,你或许又会说:"我们接受的都是应试教育,大多数人不都这样吗?"那我更要告诉你,正是因为大部分人都是这样,而你就应该走一条别人(同龄人)还没想走、还未走的路,如果能成功,岂不是你的造化吗? 失败是成功之母,因为没有历练,根本不会获得成功或失败的感受,更不会自我哀叹,更不会找到成功的方向。当然,你的反思和总结会使你渐渐走向成熟,因为你的学识、你的思考、你的调整、你的感悟,更因为你的积累。

从上面这个女生的故事中,我们还应学会一种策略,就是除了事先了解你的对手的大概信息之外,你还可以做更多,因为任何时候不同的人会使你获得不同的信息和想法,而这必定是课堂之外的人生历练和学习。方式可以选择,但主动的成熟永远会获得别人无法得到的东西。

谈到这个问题,我还想推荐一个节目给大家,就是中央电视台二套的节目《消费调查》,其中有四期节目是对北京、上海、深圳和成都四座城市的生育二胎问题的调查,但节目讨论的绝不只是生育二胎问题,还有很多

值得关注的未来问题。

在前两篇帖子中说过,我已在马鞍山职业技术学院执教11年,对学生们的成长、心理等问题,尤其是对他们的应聘就业,以及就业后的情况、生活感受等,都有很深入的了解,甚至陪他们参加招聘会,为他们出谋划策、提供指导,所以有机会和选修我所教课程的所有同学进行更多话题、更深层次的交流。

最后,向与我面对面的同学们,给我跟帖、与我交流、给我建议和鼓励的同学们表示感谢,也期待有机会与你们相聚在课堂上。

当每个人看到这些师生交流中的迷茫、自励和愤懑时,都会在不经意间让那些本该知道思考什么、改变什么的师者更清醒,不断自我激励,让同学们知道为了自己乃至家国的明天究竟该如何努力和奋斗,因为毕竟我们同处一片蓝天下,时间会记住我们所做的一切。

四、我想对同学们说之四

这已经是我给同学们第五次发帖了。我知道"吧"是大家交流的空间,然而随着时间的推移、时代的变迁,我们校园里越来越多的同学虽身处同一个课堂、工作室、社团,甚至同一寝室,物理距离不可谓不近,但他们让手机纵横、心灵远离。我一直在各种教学中不断地与同学们交流,甚至直到月朗星稀。教室的灯早已关闭,每个人的心却不能关闭,因为你们还年轻!我不想再猜测你们的想法,虽然我对你们的关注远多于其他人,因为我深深知道作为青年学子,你们究竟应有怎样的成长,到底需要什么、纠结什么,应该何去何从。

大学里的交流渠道已经慢慢沉入幽深的海底。我突然发现,现在在校学生之间的交流已从线上交流变成了微信群里的"微量交流"。确实,"物以类聚,人以群分",越来越小的微信群让人变得越来越"微不足道",让我们都忘记了人与人面对面的真诚交流和情感互动,人们的交流方式变成了可怕的"手指点点、真情丢丢"。我在课间休息时不忍拍摄了这样的瞬

间,真的让人触目惊心。虽然我不想因发出这些照片而引起那些"可怜的人"的争执,但他们走到现在已经忘记了是曾经的奋斗换来了如今在这里学习的宝贵时光。这样下去,到了一切成真的明天,或许那根本就不是你想要的"真"。这绝不是危言耸听。

从大一走进校园开始,无论有多少亲人送我们来到大学校园,其实我们都已成年,更需要自我成长,大学本就是必须长大的地方。不知道大家是否知道,每个人的前18年基本是"被选择"的,甚至你能否成为生命都是一次"被选择"。而从上大学开始,我们必须学会选择,学习、生活、情感等一切都将变成我们必须学会、必须做出的选择。生活中永远都有正反两个面,一边是图书馆里学生们读书时的凝神静思、如饥似渴,一边是宿舍里同学们休息时的手机喧嚣、呼声大动。这就是不同的人生,这就是不同的选择!但我深深知道:让你们像知天命之人那样去感悟人生,那是苛责;让你们像四十不惑之人那样去感受世界,也必是奢求!然而,我们为了自己大学毕业后的人生发展做必要的积累和努力,是理所应当的。讲到这里,我想问问所有同学,你们来到这里肯定已有1～4年了,然而谁又了解脚下的这片土地呢?你们知道,我校至今有多少名本科生、研究生、留学生毕业,有多少个专业大类和专业设置,有多少个博士点、硕士点。如果你还不知道,那我就要问了,你高考后是如何被选择或选择安工大作为自己人生的重要节点的。也许你会说,这个学校是我的父母、老师、长辈,甚至"大师"帮我选的。当听到这个回答时,我对你无可指责,因为18年里你是"被选择"的,即使你心有不甘,也只能无可奈何。但当读完大一的你也成为到教务处申请改专业的队列中的一员时,你应该知道自己又用了一年的宝贵时间去思考、领悟、调整和改变。

也许大多数同学会不服气地说:"万老师,你不也是这样过来的吗?"没错,当我的父亲和母亲帮我选择的时候,我也不置可否,也曾懵懵懂懂。然而在大学里我开始学会了去选择、去努力、去奋斗。如果你不信,我可以告诉你们我每天都在做什么、怎么做。春节时,我不但带着两个孙子和孙女外出游玩,而且利用这段时间写完7篇论文、拟定提纲、修改书稿。我

的很多朋友、学生曾说:"万老师,您都两次发病了,不要太拼命啊!"然而,我深知:人可以回忆过去,正面对这一秒,但你不可能知道下一秒会发生什么。51岁的我还有梦,还有很多必须努力奋斗才能达到的目标。

我之所以说这些,是想让你们一起想想:"我到底为什么而活?我该怎样活着?"我的同学们,请记住:没有人能改变你,只有你自己能选择、去改变。与同学们交流时,听到少数同学说自己已经"废了"。其实,"废"的原因很简单,就是你们根本不想改变,虽然你们有时确实想过要改变,但从没有下定决心并采取行动真正去改变自己。

最近,我给一位同学的帖子这样回复:"让自己忙起来太简单,但又太难!原因就是你的内心和行动,能否为自己的决定行动起来,必须迈出这一步。玩很简单,因为不需要太费脑筋。人与人的根本区别是不想、不敢、不干的人与动物无异,只想不干的人是在浪费生命,又想又干的人才是真正的人、大写的人。忙是迷茫的人们中一种可贵的清醒,忙什么、怎么忙更是一种超越同龄人的有追求的感悟、睿智。其实,对于大学生而言,每个人每天需要忙的东西太多太多,因为你必须直面未来,担起自己的责任,有对亲人的责任、有对朋友的责任、有对社会的责任。如果你迷茫到不知道自己为什么活着,那么我说什么都是枉然,因为你已经是年满18岁的成年人,是大学生,更是祖国的未来。跟同样茫然的人混在一起,只会让自己更加迷茫。然而跟有目标的聪明人在一起,你一定会力量倍增、勇往直前。请每个同学仔细看看自己交了什么朋友,内因和外因的关系大家都明白,这里不必多言。""物以类聚、人以群分"的道理人尽皆知,关键是要听从自己内心真实的声音、趋向如何。我们还能想起自己上小学或者初中、高中时的同学吗?他(她)们现在在哪里,在干什么,过得怎么样。如果你来自农村,当你回首这一切时,你可能发现曾经很多的玩伴、同窗如今已为人父母,他们或许外出打工,或许正在抱怨,或许正在后悔。然而你却走进了大学,来到了荟灵湖畔,坐在大学的课堂里汲取知识的力量,这就是鲜明真实的人生。

告诉同学们一个事实:中国已成为基本普及高等教育的国家。很多人也许不相信,那么让我们来看一些数据。2016年和2017年全国参加高考的人数分别是940万、950万,而据教育部官方网站发布的数据,全国有各类高校2914所。2016年和2017年我校招收的各类学生约为6300人,在校本科生人数为20880(校园网最新数据),那么保守估计按每所高校平均录取3000~4000人计算,全国大学生录取人数约在900万至1200万之间。这就意味着几乎所有高考生都有接受高等教育的机会。而北京、广东的教育厅已经公布,2017年两地已实现高考100%录取率。面对这一事实,只要你有一点儿信息处理能力,就会清醒地意识到自己只是940万或950万人中的一个,而全国有3000多万在校大学生,自己是再平常不过的。无论你身处清华、北大,还是安工大,你都应该做些什么,让自己成为这3000多万人中不一样的那一个。2017年,安工大的研究生上线率达到42.8%,这是一个令人振奋和鼓舞的事实。每年我校都会有200~300人参加马鞍山市的选调生或公务员考试。作为监考员,我也多次在考场上遇到自己教过的学生。其实,这就是迷茫中的一种清醒,就是清醒中有目标的奋斗。我的一个学生准备参加研究生考试,先不说他在学习中的收获,就是他参加考研班时所见的人和事也足以让所有同学受到震撼。

图1 清晨考研同学在教室外等候预约座位

再看看我们的教室、寝室和校园,你就知道自己该做什么了。

图2 大学生活剪影

图3 梦想从这里启航

图4　正在为梦想奋斗的我们

我知道却也不知道每个同学是怎么想的。对那些能摆脱迷茫变得清醒的同学来说,虽然那是一种艰难的选择,但我坚信他(她)们能学会坚定地做出选择,因为人生是他们自己的。与那些父母已经逝去的同学相比,他(她)们展现出来的清醒、坚定和拼搏定会让其他同学感到汗颜、羞愧。但这并不是我的目的,因为我想让你们自我反省,让你们不断奋起。我从来没有指望所有人都能变得清醒,都能坚定地从迷茫、混沌中走出来,坚定地向自己的目标前行。因为有的人只有在若干年后发现,曾在课堂、寝室、校园里被耻笑的他或她已经成为自己敬佩的对象时,他才能真正感到后悔和羞愧。人生的路,就是这样奇妙而真实。也许你懂得并不比别人少,但你的行动才是真正能决定你命运的力量,这就是真实的人生!

与职业院校的同学相比,也许你会说,他们只不过是大专学历,比我差多了。然而你错了,而且是真的大错。虽然我们的学校是当地唯一的一本正牌大学,你们的学历和学位是本科、学士,但当你戴着学士帽、穿着学士服自豪地站在校门前拍毕业照时,你必须仔细思考一下自己究竟拥有了什么、拥有多少。我可以清楚地告诉我的学生们,近十年来中国的高等教育之路已经非常清晰,一方面是知识型人才的培养,另一方面是技能型人才的培养。那么,你们敢说自己已经具备了知识型人才应有的知识、内涵、思想、能力和追求吗?而职业院校的学生虽然学历比我们低,但他们中大多数人都有一定的工作经验,甚至有些人从初中就开始参加社会实践了。对于他们,你可能说:"那是因为他们学习不好,家庭不富裕。"但想想自己,你敢说自己及自己的家庭就一定比他们强很多吗?

在职业院校里,很多同学都在暑假或寒假里打工,甚至到东莞、佛山、深圳等地的工厂工作。曾有一对始终坐在讲台对面的恋人,他们相濡以沫,并肩奋斗,都拿到了国家励志奖学金,而且从高中起就到东莞的工厂里工作。后来,工厂老板再三挽留那个男生,并许以高薪,因为他的认真、执着,因为他的责任、能力。如今,两个年轻人已经在东莞和深圳立足,享受着恋人之爱,也获得了事业的成功和生活的幸福。像他们这样的高职学生有很多,他们之所以能过着幸福的生活,是因为他们不断地自我成长,明晰了人生的目标和责任,虽然他们毕业时比我们毕业时还要小。

在我们的校园里也有这样的人。两年前,他来听我上的工程材料话今夕选修课。在大四毕业前几个月里,他通过学校的教务管理系统查到我所上两门选修课的具体时间和地点,直接到教室里与我四目相对。课后,我得知他已考上了东南大学的研究生,而且他是当年考取这所大学研究生的电气学院的唯一一人。而两年前,他来上我的课时总是坐在正对着我的第3排的固定位置,而且是在开始的几次课上始终保持一种批判者、学习者的姿态,甚至在课堂上与我进行争论。他还曾在我办公室楼上的创新教育实践工作室里工作了一年,而我就在他楼下忙忙碌碌地教了一年的课,我们却从未相遇。人与人之间是有缘分的。如今他成了他想成为的人,实现了自己追求的一个目标。从对话中,我又看到了他追求的另一个目标。

他经常在我和一些同学一起课前吃饭的时候,称我"切·格瓦拉"。其

实,我真的没有也不可能有切·格瓦拉的境界和情怀,我只是一个很普通的大学老师。我父亲是我一生的榜样,更像我面前一座难以翻越的大山。然而我抱定决心、鞭策自己,因为我还有很多时光,我必须不断奋斗。虽然我的职称已经是副高,但我必须继续奋斗直至正高。到那时,我至少能对父亲说:"爸,我终于成为教授了,虽然我达不到您的人生高度,但至少我能看到山巅,看到了您的肩膀。"父亲现已83岁高龄,从学校的督导组里退出来,但是学院领导坚持让他继续做督导工作。很难想象这么大年纪的父亲,每年还要听400节课,审核很多硕士、博士毕业论文,还要参加很多会议。父亲这么大年纪还如此辛勤地工作,作为医生的母亲曾多次劝父亲推掉这些工作,但我知道这是他的追求,更是他的生命。我深爱父亲,深知如果他不做这些工作而是选择自己的爱好,那他也不能获得这种永远的人生快乐。没错,父母、我和哥哥两代人都为我们热爱的大学奉献了自己的心血和力量,所以我深爱这片土地,深爱这片土地上的每一个人。

毕业后我在马鞍山市传动机械厂工作了15年。虽然当时的我还很懵懂,也对机械专业非常不感兴趣,然而那是我真正有所成长的人生黄金期。我多年从事机械产品设计、工艺工作,又做了6年产品销售工作,独自跑遍大江南北。从一个懵懂的青年,我慢慢学着主动张开自己的嘴,学会了与更多的社会人交流和沟通,经历了真正的社会磨砺和自我成长。也正是因为有了这些磨砺和成长,我才成了不同的我,有了不一样的感悟和行动。

我还特地去昆山看望了一直令我敬仰的老厂长。他是我的榜样,就像父亲一样。去的那天正是农历二月初二,"龙抬头"的日子,天降大雨,而且那天恰巧是他79岁生日。看到他两鬓银丝,坚毅、执着、慈祥的目光,看到他在办公室里耐心地向年轻人交代工作,我不免忆起了当年。他是一个并不高大的温州人,1962年清华大学毕业后去了当时的一家大国企哈

第四章 入脑更要入心

尔滨轴承厂,后来为了爱情来到了荒凉的马鞍山,带领大家从荒凉的老鹰窝下的破旧厂房发展成为风雨路上行业领先的马鞍山市传动机械厂。1994年,老厂长在无奈之下离开了马鞍山,来到昆山这块开放的热土,从零开始,再次艰苦创业,成为苏州"十大创业名人"之一,走过了艰难的历程,成就了令人震撼的辉煌。走进他的办公室,他身后是一位书法家为他写的作品,这也是他从马鞍山带走的一颗心、一片心。我给他带的礼物是自己精心设计加工的人造水晶激光雕刻立盘,上面赫然刻着"传动"二字,表达了"传承"的深意。如今他依然精神矍铄,虽然已将厂房租给了他人,但是清华大学等研究所的牌子依然挂在办公大楼和办公室门口的墙上。如今他仍在研究制定机械产品——联轴器和减速机的标准,无疑那又是高屋建瓴的。因为所有的产品必须确立标准,有了标准才会有真正的产品,也才能有真正的市场和为市场存在的人。

趁着老厂长跟下属交代工作的空当,我独自走下二楼,找到楼道墙上头盔架上挂着的头盔,戴上它去了一楼六跨的主车间。我到车间后,仔细看了他们正在生产的代表当前机械制造设备的主流方向之一的激光切割机的生产、装配。我走近仔细观察,虽然对机床的结构有一定了解,但深知控制器这一核心技术仍被外国人掌握。我与机床工人们交流后得知,现代制造的方向已转变为模块化的设计加工生产链,对模块化生产的各部分进行质量把关和准入,最终对合格的零部件进行组装调试,从而成为最终产品推向市场。我还与一线工人深入,了解了很多相关的行业信息。其实,信息的获得,除了通过网络之外,更直接、更准确、更真实的来源就是人与人之间面对面的交流。通过交流,我知道了原来很多一线工人通常是高职毕业生,甚至还有一个是安徽合肥职业技术学院的学生。

图5 工作中的老厂长

图6 我为老厂长特制的水晶激光雕刻立盘

图7　工厂里的主车间

在老厂长眼里,现在的我已不再是那个懵懂好动、虽聪明但无目标的年轻人,因为我已成长,学会主动改变。我在老厂长那里待了一天,后来他亲自把我送到车站。就在即将进站那一刻,我动情地拥抱我的老厂长,心里默默祝福他一切安好,是他和"马传"给了我人生中最重要、最有意义的那段岁月,让我成长、走向成熟、不断奋进。我曾是他的部下,更是重新认识彼此的"父与子"。立马江东郎,才气指前程,耄耋催银丝,追求方人生!看到父亲、老厂长这代人如今依然老骥伏枥,作为后辈,我深知该为什么、该怎样奋斗。

作为教师,我深知韩愈对师者的阐释,但不想说"辛勤的园丁""灵魂的工程师"这些溢美之词,只想说自己虽然普通、不才,然而我一直心怀理想,浑身充满力量,还有自己的新目标、新愿望、新人生。我虽然是老师,但必定是且永远是人生的学生。每个人自生命之始,必定永远是学生,人生、人事的学生。学生、学生,必然是学习人生、学懂人生、学会人生。我只想发自内心地劝诫同学们,明天是你们的,现在你就应该做好、不断积

累,让自己成为有奋斗目标的人,让自己的思想先为自己改变,再去说更大的目标、理想,否则时光流逝,悔之晚矣!对每个人来说,最公平的正是时间的流逝,而你该如何度过自己的人生。

大学校园里有太多的教学、课程、交流资源,可以说是求知的重要来源,但关键是你想不想、会不会,通过网络都可以任你选择。如果你学不会主动选择和利用资源,那么你或许错过了成长的最好时机。学生们,我真的有很多很多的话想对你们说,也真诚期待你们能勇于尝试并努力去做。期待与你们四目相对,真诚交流,因为得到的,那肯定是你们的。

五、与师生们的交流

(一)如何看他人,怎样做自己

前几年,网上关于复旦大学陈果老师的讲课视频很火爆。同样作为大学教师的我,在旁观许久之后陷入了深深的思考,我想和大家说说自己的想法。

陈果老师的课及陈果老师成为"网红",可以说是"被网红"。2010年,陈果老师的学生把她所讲"思想道德修养与法律基础"课程的小视频上传到网上,经过近两三年的传播,它们引起了很大的社会反响。出现这种现象,我认为从客观上讲,是学生们对课程的一些内容有感而发,并用自己驾轻就熟的信息传播方式和手段将课程视频上传网络,以此表达自己对课程和老师的认可。深思这种现象,从中至少可以获得三条信息:一是学生们有感而发,在教室里能听到像陈果老师这种充满激情的课程是他们以前很少遇到的;二是学生们对老师的这种授课方式非常认可;三是为师者需要反思这种思想政治人文课程如何上才能被学生们接受、喜欢,甚至喜爱。

在大学教育阶段,大到教育目的和方式、实际效果和作用,小到课程教学,对每个大学生的成长发展所能产生的实际作用等,都应该是一个辩证联系的过程。

大学里的基本原则是自由与真理。大学的本质特征是知识的权威、学术的权威、思想的权威、文化的权威和道德的权威。知识与学术是大学活动的基础。教学是传播知识,研究是创造知识,为社会服务是运用知识,整理图书信息是收藏知识,国际交流是交换知识。对知识和学术的立场与态度是大学制度的渊源与价值标准。大学里的权威不以管理者为代表,而以知识的贡献者为代表。谁能创新知识,谁就是大学的权威。

大学在发挥教学、科研、为社会服务三大功能外,正在形成第四大功能——促进文化和谐的功能,也就是把不同的文化,尤其是文化中具有本质性意义的价值观等,置于同一个平台——大学,使不同的文化在交流中相互理解、借鉴、吸收、融合,进而消除歧解、敌视与冲突,最终达成共识与和谐。这一功能,唯有大学,才可助其实现。

真正的大国,最终表现在文化上。政治上的决定力,经济上的影响力,军事上的威慑力,制度上的被信赖与文化上的被向往,这五大要素的集合,才造就大国与强国。因此,欲强其国,必强其文化,欲强其文化,必通过教育。

受人尊重的大学,首先应彰显她的德性。大学之大首在大德,大学之学重在学统。将大德与大学问集于一身且能代表学统者谓之大师,大师即世之楷模,学之源出。师德决定校德,也决定生德。大学之德不同于世俗者,首在所明之德要为天下储人才,要为国家图富强,要在义利上为社会所崇范。大学失德,首先失在功利与世俗上,失德的大学是无法受人尊重的。

受人尊重的大学要彰显她的思想性。思想是一所大学的高度,有思想才有真理。社会的进步靠科技,而社会的方向靠思想。有思想的大学才令人向往。

受人尊重的大学要彰显她的创造性。大学是常新的,她是社会青春与活力的代表,更重要的是她每天都有创新成果产生。创新是大学表达自己水平最重要的方式。能创新的大学才是社会的发动机。

把德性、思想性、创新性和特色性统一在一起,就是我们要办的大学。

这样的大学一定是受人尊重的大学。

以上是徐显明教授在《把尊严和权威还给教师》一文中的论述，其实就是理想中大学的本质功能问题。这段文字非常学术，但提出的大学的本质、方向等确实是大学必须具备的，而且是在新时代更应去追求的，因为教育的宗旨就是培养适应社会发展且三观健全的知识者和奋斗者，为社会所用，实现人生价值。

我们还说陈果老师，她所有的外在表现、所有的铸字成文，都经过旁人对她的审视。语言、行为是每个人的外在，而每个人对信息的理解和印象的建立是基于三观的个性表现。我非常理解她为什么给大学生讲很多"心灵鸡汤"。一是因为她自己的成长道路，使其顺理成章；二是因为面对大学生在求学过程中形成的思维和行为定式的实际情况，她的这种授课方式更容易被接受。学生们面对校园中的三种主要关系（生生、师生、师师）所形成的思行方式，就是对有知性魅力的学术语言和教学内容的习惯接受。但对大学生的教育方式和教学内容，教师应有一定的变化和提升，因人而异，与时俱进。这就要求教师须有一定的人生积累，有超越这种定式的高度和深度。教师不创新改变，学生们就不会有感受，更谈不上警醒、融通、悟道、提升。提高学历，你所接触的、感知的、积累的也许只是知识，并不能对大学生的成长和发展有真正的理解。作为大学教师，应该更多地思考如何结合课程教学与时俱进，满足学生们在学习、生活、情感、目标、困惑等方面的现实需求，结合自己的经历和感悟，在课程教授中与同学们就所关心的问题进行深入交流，使学生们在这种偏理论性的公选课上也能学有所获，教会他们能真正将所学运用于实际生活，学有所用、学有能用。这也是现代大学思想政治课程教学必须要改变的，也是使教育更接地气、具有旺盛生命力的根本之道。其实，大学一直都是一个社会的真实反映，它教育的是人，培养的是人才——未来社会的中坚力量。人的运动有两种：一是身体的运动，二是人的思维、思想运动。思想意识决定了一个人怎样做自己，怎样走好人生路。

(二)在脉脉网上与师生的交流

1. 与姚老师的交流

我在安徽工业大学创新教育学院任教,主要讲授工程实践类课程,是必修课。另外,我还在本院和马克思主义学院各开设一门公选课,分别是工程材料话今夕、与大学生的心灵对话。我的公选课非常受学生欢迎,有时外校或未选课的学生也会来到我的课堂。我还是马鞍山职业技术学院的校聘专家,主要讲授机械类课程,每年至少有4000多名学生上过我的课。我每天都非常忙,繁忙的程度令很多人都难以想象。

现在,我和爱人一起带孙子和孙女,孙子7岁,孙女4岁。虽然我曾两次发病,但我当时每周还要在两个学校上11节课。晚上9点或9点半下课后,我有时还会跟同学们交流到11点(学生宿舍最晚的关门时间)才回家。我抽空还要锻炼身体,虽然踢球时我的半月板被踢碎了,打羽毛球比赛时我的跟腱断了,但我仍乐此不疲。姚老师曾对我说:"万老师,你为什么要做这些事?又怎么能做到这些呢?"那我要告诉您,老师是我们的职业,更是师者的人生追求,没有信仰、没有信念,只能抱怨人生、枉活人世!感谢您对我的赞赏,凝思父辈的艰苦奋斗,我永远不会忘记,我是老师,更是学生!

从教后,我不断感悟、践行:学生们的自我成长和人生追求,应是师者的最大价值和追求!谁都不知道下一秒会发生什么,但一定知道这一秒钟我们正在做什么、为什么要做。

2. 与编辑老师的交流

"万老师您好,我是广西师范大学出版社的编辑,收到我社总编室转来您的出版邮件。看了您的介绍和散文,您上的课和所做的事情的确很有意义,您的文采也很好,但根据目前的出版情况,此类学生的作品汇编《大学心语话青春》基本很难出版。如有可能,您再联系其他出版社看看。谢谢您对我社的支持和厚爱!谢谢!"

我的复信:张老师您好,看到这么快您就回信了,甚是惊讶,也深表感

激。我突然想与您深入交流一下,尽管窗外冬雨霏霏,一派萧瑟。

多年笔耕后的投稿,无论是科技论文,还是其他文章,多数出版单位能很快给作者回复的并不多。但是相反的,如果现在的作者亦如此,我想早已不会有作者与出版单位的愉快合作了。

我所写文章大多是关于大学生的各种交流,这是因为曾经同样青涩懵懂的我在回到大学后,在遍历全国、深悟人生后,始终无法忘记成长岁月中的那些迷惑和彷徨。每当面对虽然青春却越来越没有活力的大学生,我深感必须将自己的成长感悟告诉他们,希望他们能有所触动和改变。其实,人生的目标与目的是每个人从生命之初就需要明确的。

您是广西师范大学出版社的老师。大学出版社已处于激烈的市场竞争中,成为市场主体之一。一切要以市场为导向,追求经济效益的最大化,这是市场化的必然。然而,作为师者,我们都不该忘记对自己、对家庭,甚至对国家的责任。我们也曾一步步地艰辛求学,直至如今成为编辑、大学老师。每个学生也都如此。每年面对来自全国各地的一批又一批大学生,经过多年磨砺的我深悟:既然成长是人生中永恒的主题,那么大学生在知识、能力、使命、责任等方面的成长中,作为长者、师者,我们负有不可推卸的社会责任。面对年轻人,甚至与自己擦肩而过的每个人,我们都应多一声问候和关心,引导他们能为自己、家国、天下明确目标,以正确的方式为此努力奋斗,因为只有发自内心的使命感、责任感,才能真正使自己勇往直前、所向披靡。思考现在的大学、中小学教育,其实真正容易出现问题的恰恰是大学教育。看到经过义务教育、初等教育后,更多的学生在成年后并未具有独立的思维、行为能力,以及应有的责任感,作为师者、长者,难道可以熟视无睹吗?的确,虽然没有谁能决定年轻人的成长和成熟,但您一定感觉到能够真正反映大学生成长的作品,真的是少之又少。最近热映的电视剧《大江大河》里的一些场景就是在我校拍摄的。看着主人公一步步的成长和命运起伏,我想难道这不正是个人成长依托于社会发展变化的最好、最真实的写照吗?

几个月来,我在脉脉网和头条号上先后发了100余篇文章,与教师、公务员等不同职业的人进行了交流,尝试探寻师道在现实中的发展变化、不同人的反应,还就具体事件、事物与他们深入交流。

3. 与一位教授的对话

教授:孩子的老师告诉他,你的目标就是超过某位同学,但孩子接受不了这种竞争。

我:那你真要下功夫了。竞争无处不在,只要在正确思想的指导下刻苦用功,每个社会人、学生(未来的社会人)都必须努力奋斗。这对谁都是一样的。

反过来说,既然老师对孩子有要求,说明在老师看来他有这种潜质,为什么不去争取呢?不管是什么原因,努力和竞争都是必需的、必然的。如果不能接受竞争,就可能一败再败,因为你自己放弃了上进,放弃了可能的成长和成功。要教会学生直面竞争,这是家长和教师的共同责任。

教授:现在的孩子有点累、有点委屈就受不了,根本没有奋斗精神。

我:所以家长、老师、社会教给孩子的就应该是人的本能(奋斗)的开始和全部,尤其是父母在前、衣食无忧的现代。如今中国社会,其实还有很多家庭不能过上小康生活,让孩子们学会学习、生存,比给他们只提供物质享受更有意义和价值。

4. 人人都需要自我教育

学生需要教育、成长,家长作为孩子的哺育者、至亲、监护人,更需要学会自我教育、自我提高。设立家长学校是很有必要的,家长群体相互交流、相互监督、相互理解,就会有家长和教师、学校之间的平等沟通,也会形成家长与教师的合力,为教育孩子一起努力。孩子是家长、家庭的,也是学校、教师的,更是国家的未来。

特别需要强调的是,对于成长中的孩子,教师需要不断提高自己。作为父母,更需要人格的完善。虽然做父母从来就不需要"合格证"和"毕业证",但我们无法否认的事实是,孩子一定是先有父母,后有老师,最终融入社会。而父母必须先学会做合格的父母,然后才有其他教育的渗透。

而"三岁看小,七岁看老"的道理人人皆知。如果父母是不合格的,那么你怎么可能要求自己的孩子必须合格、优秀。只有人人守护好自己的港湾,才能让孩子乘风破浪。

5. 家长和教师是命运共同体

下面是我在脉脉上发的一篇文章《所有的家长与老师都必须明白:我们是命运共同体》。

我本不想多说什么,这个问题的实质是家长和教师一定是、也必须是命运共同体,否则只能自说自话、相互埋怨。家长千万不要以为孩子只属于自己,他(她)们也属于社会、国家。而教师,不管是哪个阶段的教师,一定要让孩子后面的家长懂得:我是优秀的,善于与家长沟通,更会教育孩子。在每个家庭里,家长、孩子是"个",而到了学校、班级,每个孩子都必须去掉"个"中那一竖,变成"人",成长为"社会人"。如果家长、教师都只考虑小我,互不沟通,互相指责,那么是对孩子——国家的未来进行不理智、不成熟且自私、自以为是的毁灭。所有教育的结果都是大家一起给予孩子的,受整个社会的影响,而成年人更该是共同的建设者、自省成熟的智者。

6. 学习动力来自思考、方法和信心

我回复了一位高二女生提出的关于学习无斗志的问题。没有学习斗志的直接原因就是你学习不好,失去了信心,所以无法胸怀斗志。

首先,学习方法因人而异。既然你选择的是文科,很多知识都需要背牢记熟。提供给你两种学习方法:一是自我反思。想想自己到底是简单印象记忆不行,还是联系思考和记忆失法?我想你是后一种可能性更大。高二文科生需要记忆的内容较多,理顺不易。二是理清知识主干,再添枝加叶。高中生应该学会建构从点(概念)到线(知识记忆主线)再到面的知识网络。拿分最重要的是抓主干,而基本概念是基础。

举个例子,在政治课中讲到毛泽东思想的三大精髓是一切从实际出发,理论联系实际;独立自主,自力更生;群众路线,从群众中来到群众中

去。而以孙中山先生的"三民主义"为代表的旧民主主义革命路线，与社会主义革命是不同的。而社会主义革命就是要推翻三座大山，建立人人平等的社会主义国家和无产阶级政权，实现劳动人民当家作主。你只要牢记，一旦谈到中国革命，就必然谈到这些不同。横向对比的话，就是分清资产阶级革命与无产阶级革命的根本区别。中国革命的道路不能完全依靠照搬照抄马克思主义，尤其是农村包围城市的具体问题要具体分析，应是紧密结合中国的实际又具有中国特色的社会主义革命。其中的要点是社会主义和资本主义的概念区别，主干是中国具体问题的具体分析，同时进行横向分析比较，最终选择符合中国国情的以劳动人民为主的社会主义革命是必然的。

其次，对语文等学科的思考、联系、记忆和熟悉。抓住文章的主旨，就是它的中心思想，即使文言文也是一样的，弄清楚作者为什么要写这篇文章、要表达的中心思想是什么。因为所有的文字都是人们对事物、世界的认识、理解和情感表达，写人、写物、写景、写事莫不如此。

最后，提醒你一下，散记（点状的混记）是最伤脑、更伤神的，缺少有机的联系会削弱记忆的效果，而方法不当只会使学习兴趣丧失，这样下去你根本无法拾级而上。如果你不学会理解、提炼、熟练的方法，就不能高效地学习，无法让自己轻松起来。

第五章　不一样的十八岁

导言：在内心深处，你有肩负希望的负担，也有顿悟的清醒。然而在你那样的年纪，能如你那样细腻且自省的人并不多。

一位同学这样回忆自己走过的18年。

回想自己人生的18年，一时间我的记忆有些模糊了，因为确实没有什么刻骨铭心的事情需要时刻铭记，一路走来，我的生活总是那样平淡无奇。

我出生在安徽省北部一个普通的农村家庭。生我的时候，父母都年过四十。而在我之上，家里还有5个姐姐。不用说也能看得出来，父母一直都想要个男孩。这是我父母那一代人最真实的想法。

为了养我，我的五姐被抱到别人家养活。我是家里唯一的男孩，所以父母和姐姐们都很宠爱我。虽然家里经济拮据，但是有什么好东西总是让我第一个享用。因此，父母寄托在我身上的希望也是无比的沉重。

父亲没有读过书，因为爷爷有两个儿子，父亲是老大，所以在那个贫困的年代只能把读书的机会留给我的叔叔。没有文化就成了父亲的一个"心病"，我也因此背负了略显沉重的期望。

儿时的记忆里没有多少快乐可言。父亲不允许我出去和别的孩子一起玩。在家里的时候，我除了晚上可以看一个小时电视之外，其他时间如果看了电视，一定会被父亲狠狠地批评。所以，那时候的我非常胆小，看起来也特别木讷。直到现在，我依然觉得自己不擅长与人交往。这多多少少都是受到童年生活的影响。

小时候，爱玩的天性使我总是想方设法逃离家跑出去找小朋友玩，但每一次我都提心吊胆。虽然父亲很少打我，但是我最害怕他那严厉的眼神。直到现在，我还是很少敢于直面我的父亲。小伙伴们经常会用这件事嘲笑我，玩到一半的时候就对我喊："××，你爸回家了！"他们都能玩得乐此不疲，但我每次都会全身冒冷汗，然后飞奔回家抓起自己的课本装模作样地读起来。

那时候，我在老师的眼中是个优秀的孩子，成绩在全校一直都是名列前茅。每当大人们看到我的时候，多会提到我学习成绩的优秀。也是因为这，我也遭到了其他孩子无缘由的嫉恨，在一起游戏的时候常常遭到排挤。当时，我能做的也只是赔笑脸，装作什么都不懂，努力让他们不要把我踢出那个小圈子，因为如果连小伙伴都没有，那我真的不知道自己还能有什么了。

小学五年里，我并没有交到真正的朋友。或许因为我看起来太过木讷，说得更直白一点，就是呆、傻，他们抱着一半嫉妒一半也许是鄙视的态度无视我的存在。我从那时候开始就一直喜欢和女孩子相处。我还是觉得和女孩子更好相处一些。后来，我慢慢长大，也懂得了一些东西，就是男生对女生本就应该做一些让步，所以即便和女孩子在一起时吃了亏也不会让我感觉不舒服。

我从什么时候开始有了血气已经记不太清楚，或许是突然之间有的，或许是一直都聚集在自己的胸口等待喷发。所以，上初中时，到了一个很少有人认识的新环境后，我意识到这是一个新的起点。没有多少人熟悉我，那么对我来说有如一次新生。我开始重新塑造自己，希望成为那种处处能引起别人注意的存在。

什么样的人容易引起别人的注意呢？毫无疑问，那时候的我们都比较崇拜那些喜欢违反纪律的学生，因为他们总能若无其事地做出我们想都不敢想的事情。

于是，我在五年级升初一（当时小学还是五年制）那年暑假学会了上网。当然，我是趁着上补习班的空隙去的。有一个家住得离我不远的学生,偶尔见过几次面,因为在一起补习,所以总是一起同行。他家相对富裕,父亲常年在外面打工。那时,每次都是他请我去网吧玩。现在回想起来,他应该是改变我人生的人。如果没有他,那么连网吧的门都没进过的我说不定还是个乖乖的学生。

上初一时,因为我的成绩优异,班主任特别欣赏我,让我当了班长。而我奇怪地发现,在这里别人对成绩优异的学生不是排斥,而是敬畏。随着年龄的增长,我懂得的东西渐渐多了,也少了几分小学时的稚嫩——我是这么想的。

那段时光真的可以用"快意"两个字来形容。班主任老师的宠爱,同学的敬畏,还有手中掌握着一定限度的"权利",那一年,我却仿佛过了一世,每当忆起时都觉得那么不真实。

可是,美好的生活也总会结束。我在初二时进入学校的重点班,原本的出类拔萃到了那里只能算是上游。由于是"新来的",所以并没有太多的人在意自己,而且我们那时新来的大多成绩都很差。最后,我进入了年级主任带的班级。我的班主任也很偏爱成绩优异的学生,但我显然不在那个范围之内,也仅仅因为第一次月考成绩还不错被调到了靠近门口的第一位罢了。在那段平凡的日子里,我感觉度日如年。班里激烈的竞争,严厉甚至有些残酷的纪律,让我感觉窒息。在那里,没有人在意我了。

许多年后回想起那段时光,我还会有些心酸,不是因为感觉委屈,而是现在我终于明白自己原来一直都缺少爱,所以才那么希望能够引起别人的注意。

因为自己意志消沉,成绩也开始慢慢滑了下去,到了初二结束时已经沦为班里的差生。期末考试后,拿到手中的考卷上不及格的分数,我感觉如同灭顶,因为我必须正视现实,不能再蒙骗自己,其实我已经是一个差生了。对一个从小到大一直被别人称为好学生的我来说,这是无法接受的。当时有6个班级是重点班,共400多人,每次考试都要排名,而我已经排在200名以后。

我不知道是不是因此点燃了心头的火,初三开始就拼命地读书。现在

我的记忆已经模糊,但还记得自己在一个月的时间里把整整一本政治书包括课堂笔记全部背了下来。有时想起鼓足了劲儿学习的一个月,我都会有些感叹,因为之前的我是如此懒散。那时,我真的创造了奇迹,在年级的排名中打了对折,冲到了初二期末排名的一半。

可是,我依然未能闯入初三新班主任的视野。我的同桌是一个成绩优异的学生,那时候看着他简直就像看到了小时候的我。不过在初中,书呆子很受别人尊重。他的光芒遮住了我,我也没什么好说的,毕竟自己当初那样颓废。但是,眼前的一切已经足以让我感到骄傲了。

有时候想想命运这东西,觉得这世界上好像真有一种神秘的力量在后面操纵似的。就在我为自己的进步沾沾自喜的时候,一个初二时与我成绩差不多的同学和我发生了一次小小的争执。后来,也不知道怎么,我总觉得对方是在自己面前摆出那种高高在上的姿态。于是,我指着他的鼻子,忍住眼泪告诉他:"你有什么了不起的,我早晚会超过你!"当时他从鼻子里喷出一种不屑,随后把这件事当成笑话跟别人讲。夜里我在被子里失声痛哭,悔恨自己的沉沦。我又开始疯狂地看书了,把所有可以利用的时间全部用来学习。那也是唯一一段时间,我能在冬天5点多宿舍的灯还没亮时就起床去上自习。

后来的故事就有些无聊了,我真的超过了他。可是,我虽然在他的面前扬起了自己的头,却发现已经不痛恨他了,而是心怀感谢。如果没有他,或许我不会有那种拼命学习的动力。

仔细想想,那时候的我真的是一个变数。因为多次更换班主任,班里许多原本成绩十分优异的同学都受到了影响。可是,我如同凤凰涅槃一样,在别人给我贴上差生标签时重新振作了起来。虽然这不是什么大事,但我还是感觉很自豪的。

后来,我没有任何悬念地升入了县城最好的高中之一。一切都仿佛明亮起来,我感觉前路一片光明。但命运却在这时跟我开了一个天大的玩笑——我的父亲在这年的暑假得了心肌梗死。我原以为这种事情只会在故事或电影里上演。当它突然发生在我身边时,我竟是那样茫然无措。

录取通知书被我丢到了房间的角落里,鲜红的颜色也不再那么耀眼了。

后来,几经周转我们把父亲送到了杭州,托舅舅的关系才使父亲得到了妥善的治疗。可是,家中的积蓄花掉了很大一部分,而父亲再也不能劳作了。那时,我的姐姐在读高三,父亲和母亲都已经50多岁了。没有父亲这把大伞的保护,我真的不敢想象以后的生活。是辍学打工,还是过着贫困的生活?我害怕极了,仿佛一下子从天堂掉进了寒冷刺骨的冰窖。

然而这一切都没有发生,家中的生活依旧艰苦,但是父亲和母亲还是拿出了积蓄供我到县城读书,没有让我比别人过得差一点。如果自己没有办法去改变什么,那么索性就这样承受生活好了,即使想改变什么也做不到,所以干脆不要去想。当时我是那样想的。

高中对我来说依然是一个转折点,因为我总觉得自己初中时太过幼稚。没有更多的途径接触那种王子式的人物,所以我只好模仿小说中的人物,开始彰显自己的个性,如公然顶撞老师、上课时经常睡觉。这让许多人很快记住了我。可是,这并不能弥补自己沟通技巧的缺乏。因此,我在很长一段时间内都没有那种可以敞开心扉的朋友。

说到学习,和初中时的情况大体一样,因为没有受到约束,而且有可以自由支配的零花钱,所以我开始迷恋网吧。高二快结束时,我才担心自己考不上大学,便开始拼命地学习了。

高中时,至少还有一个人一直陪着我,就是我的好兄弟伟男。我交朋友的方式太过简单,全在自己的感觉。有些人虽然在我身边很多年,但依然可以在分别后很快地淡忘了。可是,我和伟男从第一次见面开始,就成了很要好的朋友。为此,我也时常感到不可思议。

伟男是我初中时的同学,初三下半年才转到我们班,因为他的成绩不是很好,所以我偶尔会给他讲题。也就是那么一两次,我和他就开始无话不谈了。中考时他第一次没有通过,复读一年后才考进了我所在的高中。两年里,我和他都住在一起,分享的东西有太多,如学业、爱情、未来、梦想……直到现在,我和他依然保持密切的联系。每当在超市里看到一杯他喜欢喝的奶茶、听到一首他喜欢的歌曲,我都会想起他,想起那段永生

难忘的岁月。

18年的光阴里,我没有真正的恋爱过,非要说有,那只能是一段属于我青春里的一个小故事。但它确实在我心中一直搁浅,直到现在想起时都会感到些许甜蜜、些许酸涩。这里就不说出她的名字了,姑且叫她的外号"猫"吧。我和猫第一次接触是在初二转班之后。第一次换位前面已说,我坐在第一排的角落里。本就是一个很容易被人忽视的位置,而她刚好坐在我的后面。

一见钟情是什么我不懂,直到现在也不是很相信,感觉最多是一见到就喜欢,因为气质、容貌、性格等,但不可能有那种一见面就喜欢的。

见她第一眼时并没有喜欢的感觉,因为那时我根本没心思去想那么复杂的事情。不过,她简单而朴素的装束却让我眼前一亮,仿佛一阵清凉的微风从身边拂过,让人感觉很舒服。

我和她并没有擦出爱情的火花,直到最后分别时我们都没有开口说出"喜欢"对方。我一直沉浸在有她陪伴的日子,觉得毕业遥遥无期,只要能一直这样下去就好。

故事的结局不像小说里那样浪漫,男女主角在樱花树下表白拥抱,可能是因为我本就没有成为男主角的潜质。我们最后的结局是平淡、无语的告别,直到彻底失去音信。

直到现在,我依然清楚地记得,那时候她喜欢拿着歌本唱歌给我听。她的声音柔美,很像一只温柔的猫惹人怜爱。而我总会在这时取笑她拙劣的模仿,她会拿着厚厚的歌本追着打我。其实,她唱歌真的很好听。

她曾在寒冬腊月心疼地把我冻伤的手握在手心里,责怪我不爱惜自己的身体;我们也曾一起在繁花盛开的季节畅想着各自的未来。但曲终人散,最终只是在青春里留下了一道抹不掉的印迹。

后来的事情不想多讲,因为触及心灵的深处会变成苦涩。不过,我从来也没有后悔过遇见她。正如那句话所言,感谢让我在你最美好的岁月里遇见你。

我考上了大学,来到了安徽工业大学。这在我的家乡已经算是很不错

第五章 不一样的十八岁

的了。我在别人心中的"好学生"形象也一直没有被打破。即便我后来还是一如既往地上网,但网络的普及已经让人们习以为常,不再视网吧为"猛虎"了。

大学一年的时间,说长也长,说短也短。长到我几乎忘记了高中生活,短到我还没有什么感觉就已经进入大二。

有人喜欢说,过去了才知道珍惜,我很赞同这句话,但是我并不希望一切重新来过,因为一路走来我觉得已经足够好了。

虽然身在大学,但我对未来更感迷茫。不,应该说是越想才会越迷茫,我已不再是当年那个只管用心学习的高中生了。也是在这时,我才无比震惊地发现,原来我一直在走的这条路,本就是被定好的。不是我走得太顺畅,而是因为它太过笔直,笔直到我真的可以一眼望到未来。我一直不愿去想的东西,现在一想到就让我感觉无比枯燥。读哪所学校、学习什么专业,一路走来都是家人告诉我:"去吧!"而我都是毫不迟疑地回答:"好。"

我知道,这样走下去自己真的可以有一个不错的未来,至少可以算是简单而幸福的。但是,这样的枷锁令我感觉浑身不自在,连呼吸都变得沉重了。想起了很早以前的梦想,我希望可以成为一个作家,用文字去创造奇幻的世界,带给读者震撼的同时,也让别人能记住我。不可否认,我现在依然还是当年那种希望得到别人关注的性格。然而,如今的我正在成为一名坐在办公室里做账的会计。

我无法给这篇文章写一个结尾,因为这不是论文也不是故事,只是对过去18年的重温与独白。

未来的样子我不知道,现在的自己该何去何从我也不是很清楚。不过,正因为会有烦琐,也会有许多我已数不清的小快乐,所以才是人生。难道不是吗?

我给这篇文章的评语:之所以给你打了高分,是因为你的确有些写作的天赋,无论是描写外部世界,还是书写心灵的故事,都是那种自然真情

的流露。不管是你的成长、生活、学习,还是感情,都是那般细腻清晰,都使我感同身受。

你正走在自己感悟到的不应该是笔直得能一眼看到尽头的路上,而我也要祝福你:重寻自己的梦想,找到真正的快乐。

不管你是谁,教师抑或学生,都需要思考自己的教育路或人生路,更需要做出正确的选择。因为以后的路,可能就是今天选择的结果。虽然每个人的人生道路不尽相同,成功不可复制,但借鉴和吸收对自己有益的启示更是一种有针对性的思考和学习。我还准备邀请一些成功人士为学生们讲述不同的励志故事。思考并改变自己,才是迎接挑战的积极准备。

第六章　浅谈爱国

导言：国家和民族使个体有了归属感和使命感。爱国是每个人必有的情怀。

谈到人生的信仰，每个中国人，尤其是大学生必须想想什么是"爱国家、爱民族"，为什么要"爱国家、爱民族"，具体应该怎样做。

简单地说，爱国家、爱民族，是指个人或集体对国家和民族的一种积极支持的态度，由此激发了为这种情感做出的自觉行动。关于"什么是爱国"，不同的人有不同的看法，但是爱国具有鲜明的民族感情色彩。这种感情所带来的后果对人类的可持续发展是否有利，就成为判断是否真正爱国的标准。爱国主义道德规范中最重要的一条就是相比其他国家的人，你对同胞的道德责任更大。爱国就是一种人类所固有的家的概念的延续。人本就是一种群体动物，当你把国家看作一个大家时，它的尊严、荣辱、患难就和你息息相关了，这便是爱国之心。

历史上形成的热爱国家的思想和感情，集中体现为民族自尊心和民族自信心，为保卫国家和争取国家的独立富强而奋斗的献身精神，不仅体现在政治、法律、道德、艺术、宗教等上层建筑中，而且渗透到社会生活的各个方面，成为影响民族和国家命运的重要因素。爱国主义要求人们把对祖国的热爱变成实际的行动，努力为祖国和人民的利益而工作；坚持民族平等和民族团结，反对民族自卑感和盲目的民族优越感；同国际主义相联系，既是一个爱国主义者，又是一个坚定的国际主义者。爱国是中华民族的光荣传统和崇高美德，也是我国各民族大团结的政治基础和道德基础。中华民族在几千年的历史中形成了以爱国主义为核心的团结统一、爱好和平、勤劳勇敢和自强不息的伟大民族精神。这是中华民族赖以生存和

发展的情感纽带与精神支柱。坚持以爱国主义为核心的民族精神是社会主义核心价值体系的基本内容之一。在现阶段,爱国主义最基本、最本质和最重要的表现,就是不遗余力地巩固最广泛的爱国统一战线,为维护祖国统一、加强民族团结、构建和谐社会、实现中华民族的伟大复兴做出自己的贡献。

自古以来,中国人就有根深蒂固的家国天下的历史传承、教育延续和心理积淀,从微观到宏观,再从宏观到微观,每个中国人都应明晰它的真正内涵。如果把"国"看作每个人延续的"大家",那么有谁会不爱自己的家呢?爱国是一种信念,是一种责任,是一种感情,是一种归属,是一种力量,是一种改变,是一种品质,是一种大爱。爱家乃至爱国,应该是人与生俱来的本能,因为家给了我们温暖、幸福和亲情,而国则给了我们生命的延续和活着的意义。

而爱国主义教育是指热爱祖国并为之献身的思想教育,但要激发爱国主义情感,不能仅仅停留在口号上,爱国主义、爱国思想、爱国情感往往体现在具体的行动中。爱国应该是一种内心情感时时流露的行动表现,不求伟大,只求实际,做好你的工作、幸福你的家庭、端正你的公心、献出你的爱心,就是你在如今这个和平年代的爱国体现。集体参观爱国主义教育基地、观看爱国主义教育影片等,是爱国教育的具体形式。这会让我们面对相同的对象、相同的环境时产生荣辱与共的情感。一代代人相互影响更能促进内心的成熟,凝聚应有的精神。

我的一些同学在国外生活。他们都很优秀,这里特指他们在工作上的表现突出。往小处说,他们是为所服务的公司,乃至所在的国家做出了贡献;往大处说,他们是为全世界、全人类做出了自己的贡献。但是,从爱国的角度看,他们是"有贡献而无国界"。在与他们面对面的交流中,我特地问他们如何认识自己出国的目的。实际上,除了生活的富足安逸之外,他们更多的是追求在平静中潜心事业罢了。除了环境的变化之外,谁能体会到他们在异国创业中的苦涩与艰辛呢?曾经创业的艰难、成功的喜悦不能持续激励自己,在一切归于平静之后只是一种别样的平静。作为科

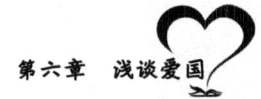

技人员,他们拥有稳定舒适的生活环境和优越的工作环境,潜心自己的研究领域,又能便捷地了解科技前沿的最新信息。

科学无国界,但科学家一定有祖国。繁荣富强的国家才能凝聚民族的强大,才能汇聚众力。这就不难理解,爱国主义不只是个体的选择,而且是整个民族的期盼。在国家危亡的紧要关头,中国人曾血脉贲张、众志成城,从不缺少浓烈的爱国之情。一些海外游子在祖国生死存亡的关键时刻体现出的爱国热忱,至今令我们难以忘怀。我们不能忘记历史,应铭记曾经遭受的苦难。正是今天祖国的强大,才使我们坚强如钢,才真正使我们拥有强大的生命力和无坚不摧的凝聚力。对于现在的我们,做好自己应该做的事就是最好的爱国。我们不必指摘别人,做好自己,就是最好的爱国。

2005年,《散文百家》上的一篇文章《我奋斗了18年,才能和你坐在一起喝咖啡》给我留下了深刻的印象。要知道,只有努力奋斗,才能改变自己的未来,甚至国家的命运。更有意义的成长,就是通过每个自觉个体的奋斗最终凝聚为国家富强和民族团结。我们要努力将爱国主义真正贯穿于自己积极的行动中。

第七章　强体与乐学

导言：实际上，大学生已经进入自我成长的关键时期，十几年来习惯了被教育，应该在进入大学后不断调整、完善、提升自己。而对任何人来说，身体的健康都是最重要的。学习应不仅是为了分数，更应是对自己素养的全面提升。我们需要不断的内外兼修，才能成为真正强大的自己。

一、运动之乐

用进废退、优胜劣汰的自然法则，对世间万物来说都是公平的。强健的身体所体现的不仅是充沛的体力，更是由内而外展示出来的积极向上的精神面貌。通过运动，我们会倍感热血沸腾、周身通泰，这是不参加甚至不关心运动的人所无法体会和理解的。运动是人类的本能。然而，在现代社会快节奏的生活中，对一些人来说，运动已是一种奢望。但请记住，只要你愿意，就总能找到属于自己的时间，在有限的时间里进行适当的运动，那是你为自己的身体做的有益储蓄。你只有坚持，才能养成良好的运动习惯。懒惰的人总会给自己找到很多无聊的借口，"我每天都很忙""我还年轻，要成就事业，要养家糊口，要求发展，要买房买车，要给儿女提供好的教育……所以没有时间强健自己的身体"。现在很多大学生、青年人的生活很不规律，这对健康是非常不利的。但是，我们要靠好的身体才能获得想要的一切，身体才是革命的本钱。加强锻炼、增强体质，拥有强健的体魄是我们做好任何事情的基础，否则一切都无从谈起。

2000 年，我带着半月板被踢碎的伤痛回到了母校，出于对运动的热爱，买了一副羽毛球拍到校体育馆打球。无意中，我遇到一个愿与我对打的文质彬彬的中年人。当时，我并没有把他放在眼里，因为我曾是学校教

师中的羽毛球冠军。但一局比赛下来，我居然打输了。那个中年人潇洒地离去，只剩下呆在一旁的我。其实，他本可以成为指引我投身于羽毛球运动的人，但此后我与他再未谋面。

在我准备下功夫学习羽毛球技艺的时候，64岁的冯师傅走进了我的生活。他是被称为"老爷子"的羽毛球异人，马鞍山钢铁股份有限公司的退休技师，曾和马鞍山的另一位老人创造了年逾花甲却骑行两天到达杭州的奇迹。而另一位老人是范老爷子，他就更神奇了。他经常清晨骑自行车到60公里外的半汤镇的山上干完钳工活，从山上下来骑车回家，再跑到羽毛球馆奋力搏杀。70多岁时，他曾孤身骑行远赴长白山、海南。在长达一两个月的行程中，路上累了或到了晚上，他把自行车丢在一旁，躺在路边的树下或田间的草棚里过夜。两次远行他总共花费不过三四千元，但乐此不疲。一次，我们到芜湖市参加全省比赛。范老爷子居然骑着单车冒雨赶到45公里之外的芜湖。看完我们比赛后，傍晚他又骑车赶回马鞍山的家，更被我们称为"奇人异人"。在将近两年的锻炼学习中，冯老爷子热情如火、下手如风，而我从多次0：15、1：15、2：15的对垒结果中、在隔网观望的学生们期待的目光里慢慢成长起来。在释放激情的运动中，我获得的不只是单纯的技术提高，还从老爷子身上看到很多闪光的精神和品质。除了增强身体素质之外，运动的意义更在于追求一种精神的力量，这是运动的最可贵之处。在挥汗如雨的两年里，一名比我小9岁、与我有共同爱好的马钢职工刘锋，和我同沐风雨。可以说，羽毛球成了他最爱的一项运动。在打球技术得到提高后，他充分利用晚上的时间骑摩托车到南京下关体校接受曾带出亚锦赛冠军的教练的专业训练，甚至利用休假时间赴泰州向原广西羽毛球队女单2号悉心求教，最终成为安徽省男双冠军、冶金部男团比赛亚军的主力队员。

2003年，我来到当时马鞍山的羽毛球高手云集之地——十七冶中学球馆，开始了学习羽毛球的第二段运动生涯。十七冶中学球馆是1989年安徽省八运会在马鞍山市举办后留下的，可以说已日渐凋零，每逢雨天房顶总会有雨水滴落。球馆里一共只有4块场地，最好的一块是别人的乐园,其他三块也要论资排辈、不可妄动,还有许多人只能在过道上挥洒汗水。就是这样,两年后,这个球馆在学校的安排下被挪作他用。我们失去了可以聚会的唯一场地。为此,我和学校领导多次沟通协商,最后校方经开会研究决定允许球馆每周三次对我们有限开放。但是,面对场地租金的巨大压力,我们都笑不起来。通过不懈的努力,我们的队伍迅速壮大,从最初的二三十人变成了一二百人,还找到了一家不错的赞助商。赞助企业给我们以大力支持。我们不但不用个人集资,而且外出比赛交流时能够入住酒店,还有专车接送。在获得无数次冠、亚军之后,我们队伍的名气也越来越大。

　　任何一个平台都是人性的光怪陆离的折射场,但只有内心透亮的人才能做到心如止水。几年里,师父和我不知引领多少人走上了热爱羽毛球运动之路,还平抑了多少次人们之间的争斗。我们从不承认自己带出了多少"徒弟",我们之所以能被很多人记住,不只是因为球技,而是因为为人。那几年,我经常留意马鞍山城市文化建设的点滴,看到"老年人健身活动"被中央电视台采访播出后,意识到这类活动将成为城市文化名片。而我爱人的几个姐弟都是专业的舞蹈演员,到一些老年大学和厂矿教授舞蹈课,乐此不疲。这些都是马鞍山这座城市在建市时间短、人员来源广、文化积淀少的背景下文化体育建设所取得的丰硕成果。而马鞍山市的羽毛球运动也呈现快速发展的态势。羽毛球场馆如雨后春笋般出现,越来越多的人参与到羽毛球运动中。2009年,我的师傅"老爷子"在南京举行的"全球华人杯羽毛球大赛"中荣获老年组单打冠军。在比赛中,我和来自中国香港地区的老爷子们进行了深入的交流。在交流中,他们的认真执着令我惊讶。在比赛中,他们甚至为能接到一个球而下叉。我好奇地询问他们的日常生活。分别是84岁、66岁的两位老爷子自豪地告诉我:"我们的生活丰富多彩,打麻将、打球、参加社区活动、到世界各地旅游等。"听到这些,我才对他们之所以能如此潇洒自信就豁然开朗了。

　　人性的弱点、膨胀的野心、利益的驱使,让我曾挥洒无尽汗水的羽毛球俱乐部分崩离析了。但是,在不少球友的激励和鼓舞下,出于对羽毛球

运动的热爱和发自内心的强烈的责任感,我竖起了"健羽(健康羽毛球)俱乐部"的大旗。"不以物喜,不以己悲"的信念使我平静地面对眼前的一切。俱乐部的会员,无论是官员富贾,抑或出身平凡,在我的眼里没有任何不同。所有人都是俱乐部里普通的一员,对羽毛球运动的热爱让我们走到了一起,这也是我创建这个俱乐部的初衷。有段时间天气非常闷热。俱乐部里的两个朋友通过一年时间的学习,已经酷爱羽毛球运动了。说真的,我非常理解他们。他们都是40多岁的年龄,工作、生活、家庭相对比较稳定,在工作生活之余能找到甘愿为之释放激情的健康运动是很不容易的。这种理性的选择与年轻人的一时心血来潮是不同的,追求的目标也是完全不同的。我为他们能参与并坚持下来的精神所感动,决定义务教他们打球。我和他们一起挥汗如雨,应该说努力是因激情而相互鼓励,在近乎苍白的脸上我看到了他们的执着。虽然它不是刻苦学习,也不是辛勤工作,但一份心情和一种执着已经完全超越了一切。我常说:"零上50摄氏度我能坚持,零下50摄氏度我也能忍受,这样的人生才有意义。"就像我的师父年过七旬,却要每天面对年过九旬且瘫痪在床的岳父母的吃喝拉撒,还要面对老伴儿车祸后少为家务的针头线脑,要为儿孙周末假期的欢聚一堂煎炒烹炸,更要为自己酷爱一生的羽毛球运动整日奔忙、义务传授。难道这不是值得我们敬佩的生活中的榜样吗?来自中国澳门地区的一位90余岁的老者,每年都要跟踪全球各地举办的羽毛球赛事,参与我们难以想象的激烈竞争,那是一种怎样的执着和热爱。可以述说的人生意义有很多,但是理解也好,不理解也罢,有很多人都在拼尽全力地追求自己喜欢的人或事,因为这才是他们想要的人生。

多年来,由于有更多的机会接触广大的羽毛球爱好者,所以我更多地了解了不同的人性,但我真心希望每个人都能通过运动真正受益。我把那些真心待人、乐于分享的老会友推荐为初级教练,以充分发挥他们的作用、适当分担我的压力,带领新会员真正走上羽毛球运动之路。为了使新会员更快地融入,每年我都会组织两次俱乐部内部联赛,并进行现场讲解,以使大家的羽毛球技术得到一定提高,从而增强大家的竞争意识和心

气。在平时的训练中,我与会员们真诚地交流学习心得,教大家一些羽毛球运动技术,组织会员们参加当地的交流比赛、假期集训等活动。我们的设想越来越多地变成了现实,更得到了大家的全力支持。俱乐部建立了QQ群进行球技交流,还在当地的三个论坛上发文章、照片和视频,积极宣传俱乐部的经营理念和各种活动,以吸引更多喜爱运动的人加入进来,对青少年爱好者、市青少年羽毛球队进行基本指导,有计划地与当地俱乐部、厂矿羽毛球队进行交流比赛,还到周边城市与当地的俱乐部进行比赛交流,给大家提供参加市、地区甚至全国的业余羽毛球赛事的机会,使会员们的业余生活丰富多彩。在我的人生中有很多赚钱的机会,但我一直认为刻意追逐富足会让自己失去本来的纯真。在纷繁复杂的社会生活中,我选择立足平实,不追名逐利,方能保持自己的独特和可贵。

在发自内心的运动欲求中,改变自己的外在是大多数人的初衷,但通过运动所积聚的精神力量才是更重要的。值得自豪的是,至今我的身体与上学时没有太大改变,而是肌肉更紧绷,精神更足了。我的体重一直保持在正常水平,没有中年人普遍都有的大肚腩。每天我可以精力充沛地去做喜欢的事情,不会心有余而力不足。这些事不是别人安排的,而是自己对自己的督促。

我校羽毛球协会成立后的几年里,越来越多的老师也渐渐喜爱上羽毛球运动。我校本部的"风雨操场"是一个半开放性的活动场所。作为一名普通教师,经反复考虑后我主动向学校工会提出了一个建议:我可以利用业余时间带大家学习羽毛球运动技术,增强教师们的身体素质。为了此事,我与工会领导进行了多次沟通。虽然工会在网上公布了教师活动的时间,但教师们的积极性并不高。记得第一次活动那晚大雨倾盆,但我仍从家赶到活动场地。看到参与活动的老师不多,我虽然有些失望,但转念一想身体是自己的,锻炼带来的一切好处都是自己的,所以是否愿意锻炼全在自己,不可强求。我坚信,通过努力一定能吸引更多的人参与进来,因为他们在这里能感受到真诚和尊重、能得到他人拿不走的实惠。如今我已是市羽协秘书长和校羽协副会长,身上的担子更重,责任更大。

二、学习之乐

我们应该对自己所在的学校怀有认同感、责任感和使命感,因为曾在其中沐浴阳光。每所高校都有独特的发展历史,更有厚重的历史积淀。一般来说,高校都有自己的校训,如"团结求实创新""厚德载物""天道酬勤"等,这是大家对传统文化的理解。

对大学生来说,在完成学业的过程中学习成绩是必须面对的,70分与90分的差距还是能反映出学习态度的。在客观条件相差不多的情况下,努力是至关重要的。来自农村的学生往往感觉自己的学习压力更大,虽没有城市孩子优越的经济条件,但更应倾注全部精力、享受寂寞、努力向学、奋力拼搏,而这也正是努力所蕴含的真正意义。关键词"了解、熟悉、掌握",揭示了学习过程中的一个更深层次的重要问题,也就是只有追求"掌握"的学习,才能获真知、有底气、有机会。

"能吃苦"是每个人应该具备的品质,但不能只把它当作达到目的的手段。热播剧《杜拉拉升职记》就是新时代背景下对通过吃苦而获得事业成功的现代诠释。先苦后甜,成功是需要付出辛苦和努力的。好高骛远是当代大学生的通病。不经历风雨,怎能见彩虹,人人皆知,但能真正做到并坚持下去的人确实不多。在生活的磨砺下,很多年轻人在为课业、生存、房子、家庭、孩子等打拼的过程中,渐渐失去了理性的思考、失去了奋争的勇气,只能深刻地体会到太多的疲惫和无力坚持。

现在很多学生对自己的定位并不清晰,也不清楚自己的优势何在,单凭学校所学不知道自己到底能干什么。在交流中,我经常发现很多工作数年的人还会回到校园重新学习,提高学历。有压力才能有动力。只有这样,他们才能争取更好的发展,实现自己的人生价值。从大学生的未来生存看,受到目前薪资水平不高、大城市生活成本增加等一系列因素影响,选择在中、小城市生活具有相对的优势。但同时人们的功利心、攀比心对清醒的认识具有不小的杀伤力,很多人不自觉地产生了"宁可高处死也不低处生"的过高奢望,变成了奋斗中的逃避者。知名的大企业、外资企业人人向往,中、小企业只是退而求其次的选择,创新企业、私营企业被不屑一顾。

在与很多毕业生的交流中,我发现了一个事实:凡是能在一家企业安下心来工作较长时间的学生,大多能被委以重任,甚至成为企业的股东或合伙人。位于张家港的江苏沙钢集团,就是一个很典型的例子。我校的很多毕业生到了沙钢后,其中一些人通过几年艰苦创业后普遍成为骨干,除了是股权持有人外,在住房、待遇等方面,甚至子女接受的教育都很不错。还有一个来自贵州山区的学生,他从头做起,脚踏实地,几年后就成为所在企业的生产负责人,在企业上市后不但分得股权,而且买了车、置了房、娶了妻、生了子,其乐融融。

清楚自己的优势和劣势,了解企业和岗位的需求,是对每个毕业生最基本的要求。从各类招聘电视节目中,我们可以发现企业对未来员工的要求大多是希望能有稳定的服务周期,凡是心态浮躁、这山望着那山高的人肯定不会被聘用。一般来说,用人企业的试用期,不只是新员工了解企业,更是企业对新员工的考察和试用。

大一、大二看起来离毕业还很遥远,但机会总是留给有准备的人,"等靠要"是毁灭自己的毒酒,确定目标后的恒心和智心才是走向目标的开始,不断学习和积累才是人生进步的阶梯。我建议你们可以经常通过网络了解分析企业对人才的需求。这是你们必须学会利用的资源。家长、亲友、同学等,都是每个人的直接资源。他们对所生活城市的了解和体会也会成为你获得真实可靠信息的来源。信息社会,你们如果不会选择分析对自己有用的信息,那么将会被时代远远地抛弃。通过各种渠道了解需要的信息,了解对自己学习有益的信息,不断调整专业学习的内容、知识结构,甚至专业方向,在选课制下的大学学习中,这才是一种睿智、觉醒、成熟。

我对当地职教系统了解较多,经常见到不少人重回学校学习。这种现象在各地也屡见不鲜。一般情况下,这种现象多与他们的经历、明确的就业方向、将来工作的性质有关。很多企业会组织员工进行岗前培训或定

向培养，使他们为更好地适应工作需要做好充分的准备。为满足未来发展的需求，很多企业会与中职院校签订协议，定向培养人才。企业对人才的需求非常明确，因此中职院校人才培养的适应性更强，有的班级直接以企业的名字命名，教学内容也多以实践操作为主，理论上也偏重于对实用操作知识的掌握。我在中、高职院校代课多年，对他们的人才培养模式有深刻的体会和理解，曾建议学院组织教师去参观学习。从某些方面看，有些本科生的竞争力不如中、高职学生。在人才市场中，每年能提供的就业机会虽不少，但高校的招生人数已近千万。面对这种巨大的差距，我们必须认清现实，必须调整自己的目标和家长的预期。我读过一篇关于学习的快乐的文章。其实，每个人都可以通过学习、思考获得知识，获得成功和快乐。对一个孩子来说，如果他从小就被赞美，每次比赛都得奖、考试拿第一，那么他会为得到赞美而拼命拿第一、拼命考高分。那篇文章中的女儿却理直气壮地说："问题是，如果我总为得到你们的赞美而学，会失去学习的快乐和动力。"确实，学习的快乐并不是超过别人。一个孩子从进幼稚园开始，就是考和比，就是我要赢过别人，如果输了，就颜面无光，甚至爸爸、妈妈都抬不起头。比较，当然有一定的激励作用，但学习的目的是获得知识的快乐，还是"得高分""把别人比下去"。实际上，学习要对自己负责，不必因为别人都差或者我已经拿到第一就不再努力；也不必因为别人都强，我就把命搭上去或者自暴自弃。学习的最终目的是我学了，我学到，我能学以致用，我看事情的深度和态度不一样了。

  从人类认知的角度来看，学习的目的到底是什么呢？学习是人类认知和改造世界的根本要求，只有了解事物才有可能改变事物。用知识改变世界，当然这里的"知识"绝不是对学生们所说的知识那么简单。记得小时候我们都读过《十万个为什么》，如今我们的孩子还在读，只不过它已不是我们那个年代的《十万个为什么》，因为世界每天都在不断变化。旁征博引，绝不只是"征"和"引"那么浅显，因为"征"和"引"需要遐想、积累、使用、改造。对我们来说，学习的快乐在某种程度上就是我今天了解的、知道的、懂得的、感悟的和行动的总比昨天的多，正如我们小时候都会叠纸

飞机一样，长大后可能造出真正的飞机。

一个没有危机感的民族是不可能持续发展的，虽有危机感但不去改变的民族也是很难发展的。学而不思则罔，提升自己才是改变的开始。记得一次我被学校演讲口才协会的负责人邀请参加了一个主题演讲会，名为"积累自我，放飞明天"。现场有200多名学生观看了比赛。台上有20多位同学做了主题演讲，有的人慷慨激昂，有的人谨小慎微，有的人面对观众不免紧张到手足无措。在整个演讲过程中，我发现华丽辞藻的堆砌是普遍现象，慷慨激昂、抑扬顿挫反而更显苍白无力。最后，我走上讲台说出了自己的看法。演讲的主题虽然是"积累自我"，但没有人回忆自己的成长历程、思考积累发展的方向。既然没有一定的积累，又何谈"放飞明天"。当然，我和他们眼中的世界不会完全相同，因为我已年近不惑，但我肯定这些话对他们能有所启发。

我朋友的孩子特别喜爱动画，便去韩国的一所大学学习动画设计专业。当时国内在这方面的人才较为缺乏，开设这类专业的高校也不多，但这类产业发展很快，已经初步形成产业软件园，在南京、芜湖等地都有相应的产业园，可以说年轻人能大展拳脚的就业和创业机会确实不少。在放假期间，他在苏州的一所培训学校做兼职，对20多名准备参加美术专业艺考的学生进行考前辅导。在他的辅导下，这些学生大部分考入高校。在获得报酬同时，他对自己的未来也有了新的设想，希望毕业后能在合适的城市开一个美术辅导班，甚至一所学校，整合自己掌握的资源，专门辅导参加艺术类考试的学生。积极进取是每个人创业的出发点，正是由于有了明确的目标，才能有不断向前的动力。

没有文化的教育是无法唤醒学生的。"文化其实是一个社会的灵魂。教育文化是整个教育的灵魂。我们现在的教育是把魂丢掉了，我们要为教育还魂"，这是教育专家朱永新说过的话。这是因为在当前的教育模式下，教育过度偏重工具化，教育者与被教育者往往都成为"分数的囚徒"。这样的教育根本不可能使被教育者真正实现向具有健全独立人格的现代公民转型，教育也缺乏应有的人性关怀与人文精神。诚如德国哲学家费

希特所说:"教育必须培育人的自我决定能力,不是首先要去传授知识和技能,而要去'唤醒'学生的力量。"没有文化的教育,是丢失灵魂的教育,是无法产生唤醒学生力量的教育。没有师者的思考和行动,就不会有教育文化的可持续发展。

其实,学习对后来者来说,永远是一种批判性的学习与接受。而作为一名教育者,应通过批判性教育让所有的受教育者掌握这种重要的方法和能力。而最终批判性思维能力的形成必将使受教育者认识世界、改变世界的能力得到提升。而现代中国的中小学教育培养的是应对"标准化考试"的能力,做题追求的是"标准答案",不求教师和学生们有自己的见解,而是揣摩"标准化出题人"的用意和套路。种种为了考试的现象,必然导致千人一面。

一位老师面对生活的态度就是读书,他说这应是我们的一种生活态度。食物使我们的生命得以延续,书籍使我们的思想得以塑造。人类的存在不仅是身体上的,更是一种精神的存在。这样,书籍便是我们的"精神食粮"。用不同的"精神食粮"丰盈思想的人,他们的内心世界必定与众不同。然而我们思想的塑造不可能一蹴而就,读书只可求渐知,痛并快乐着。在悲悯的人生中,我们思考自己的处境,探究禁锢思想的根源。读一本好书有如一次促膝交谈,更是一场思想的盛宴。融入浓浓的书香之中,就像在高山流水间倾听古琴深情的诉说,你的世界将会变得越来越温馨美好,你的生活也会变得越来越澄澈幸福。我们从小就开始学习知识,正是通过向前人学习而积累成就自己的。书籍带给我们的是不同人对世界的不同理解和感悟。这也使我们能够站在不同的视角看到不一样的世界,获得多种认识、思考和提升。

第八章　细说情感

导言：每个人的情感是与生俱来的。情感是人类在追赶时光中世界赐予的阳光。

情感是态度这一整体中的一部分，与态度中的内向感受、意向具有协调一致性，是态度在生理上的一种复杂而稳定的评价和体验。情感包括道德感和价值感两个方面，具体表现为爱情、幸福、仇恨、厌恶、美感等。《心理学大辞典》中的定义："情感是人对客观事物是否满足自己的需要而产生的态度体验。"普通心理学课程认为："情绪和情感都是人对客观事物所持的态度体验，只是情绪更倾向于个体基本需求欲望上的态度体验，而情感则更倾向于社会需求欲望上的态度体验。"

情感是人类的心理现象，是客观事物与主观需要之间关系的反映，也是人对客观事物的态度的一种内心体验。情感作为一种内心体验，能够对人的思维、行为和心理产生深刻的、潜移默化的影响，体现为人对待社会、自然、他人、自身等一切可能满足自身需要的事物的态度。情感是人的生活中不可缺少的重要部分，影响人生活的状态，影响人的心态和心理，乃至性格、品质、价值观和世界观。

学界对情感的理解主要有以下观点：一是认为人的情感在更深的层次上体现为情感的品质。情感品质包括自我意识的调节能力和情感倾向性、强烈性、稳定性、深刻性等多重维度。二是认为人类情感现象包括三个层次，即生物性需要的纯情情感心理、与基本社会性需要相联系的真情情感心理、和高级社会性需要相联系的大情情感心理。三是认为人的情感表现为对关系的反应、对客体及主客体关系的体验和人的行为。

综上所述，情感是人类具有的对主客体关系的态度体验和行为实现，

具有明显的社会性和自然性、主观性和客观性。情感的社会性体现在人的情感在社会关系中发生和实现；自然性则体现为实现情感的主体——人，具有自然的生理属性，任何个体的情感都受到个人生理因素的制约；人对客观事物的情感反应带有人的主观色彩，同时又受到客观社会和自然的限制。

基于情感的四种属性，情感必然对人自身和社会产生深刻的影响。首先，人的情感反映了主体与客体(需要者与被需要者)之间的关系，这种关系包括人与人、人与社会、人与自然、人与自我的关系。其次，情感反映了人对上述各种关系的体验，包括人的认知、判断、理解和感情。最后，情感体现为人的行为，人的任何态度最终都转化为人对外部事物的判断，这种判断又外化为人的行为。这种价值判断和行为，对个体而言会影响个体的道德感、价值观、个人品格、心理等，对社会而言会影响社会的价值体系和运作。

其实，对学生进行情感教育非常不容易。情感是一个人在成长过程中必然要经历的。成长过程中恰当的情感教育，不可能千人一面。从整个中国社会来看，在现行的教育体制和孩子的成长过程中，情感教育是一个被忽视的问题。既然它是每个人在成长过程中必然要经历的，就没有谁可以回避。它的重要，不仅需要我们每个人独自面对，而且需要社会、学校、家庭和个人的共同努力。

感情是对外界刺激的比较强烈的心理反应、动作表现，是对人或事物关切、喜爱的心情，是人的各种感觉、思想和行为的一种综合的心理和生理状态，是对外界刺激所产生的心理反应，以及附带的生理反应，如喜、怒、哀、乐等。感情是个人的主观体验和感受，常与心情、气质、性格和性情有关。从"情感"和"感情"的意义看，两者的对象和范畴不同。情感是升华的感情，具有提炼后的普遍意义。"感情"是基于人的感知的感性的自然，而经过理性的思考和凝练才能成为具有普遍意义的"情感"。

爱的付出是需要对象的，但是在如今的每个家庭里祖父母、父母和孩子之间爱的付出和接受是不对等的。仔细想来，在生活压力之下，家长真

正能抽出多少精力和时间教育自己的孩子。我们会发现这样一个普遍的现实:每天去学校接孩子的多是爷爷、奶奶,很多父母根本没有时间去做自己应该做的事。这就是如今中国的现实。孩子长期"被爱",但没有学会"去爱"的情感,这是孩子情感教育中的深层问题。孩子长期被长辈呵护,很少有兄弟姐妹之间的情感交流,因背负沉重的课业负担而不再有那遥远的"孩子王"童话,不再有"过家家"的天真无邪,更不会有在大人们看来极端"危险"的上房爬树、下河摸鱼的开心畅快。他们似乎更早地学会了"独立",只能孤单地被长辈的爱包围淹没,而不知怎么去爱别人,爱兄弟姐妹、同学玩伴,甚至孤老困丐,因为他们根本没有这样的机会。大爱无疆。大爱才会使社会更和谐,人民更幸福。中国人认为,爱了就能获得幸福。什么是幸福呢?任何人获得幸福都有一个前提,即渴求。任何人获得的任何幸福,都是在渴求被满足或部分被满足的时候得到的。所以,幸福就是人们的渴求在得到满足或部分满足时的感觉,是一种精神上的愉悦和满足。

爱带给人们的幸福是不长久的。随着时间的流逝,这种幸福也会越来越少,直至你感觉不到它为止。但不可否认的是,如果你的爱非常广泛、非常深厚,那么因爱而来的幸福一定非常多,也非常持久,但不是每个人都能达到这样的境界。不管你奉献给别人或社会的是哪种"爱",你所提供的也只是由个人小爱汇集的大爱之河中的一朵浪花。当你把爱奉献给他人时,他人也会把你视作我或者我们的人,他人必然也会为你或者为社会奉献爱,从而使你和社会获得更多的幸福,因为人人都渴求爱,社会也渴求爱。幸福是人类的最终追求。爱心越多越大的人,或许是世界上更幸福的人。大爱是一种无垠的爱,更多的是为人类所接受和渴求的,是人类所向往和追逐的人与人之间的至高感情。爱意汇聚怎能有疆界程度的限制,因为纵横,因为畅流,因为连绵,因为汇聚,它才有了无疆和无限。

对现在的孩子来说,"421"式的爱全部给予了"1"。不管是对独生子女,还是对未来由无数独生子女汇集而成的整个社会,"被奉献"、被动的

承受可能在孩提时代是一种快乐,然而只有接受而没有付出的培育过程可能使大多数孩子根本不明白爱是相互的、需要交流的,更需要通过具体的行动拉近人与人之间的距离、温暖人心。如何才能让孩子学会爱别人呢?也许你会听到这样的事情,父母每天为儿女洗脸、洗脚再正常不过,因儿女要响应学校的号召"为自己的父母洗一次脚"而使父母们泪流满面、感动不已。

相反的,也许有人会问为什么父母每天都那么忙,好像没有我这个儿子、女儿似的。在乡村,我们会看到很多父母都外出打工赚钱,而无数孩子只有爷爷、奶奶的陪伴。这种父母抚育的直接缺失,让很多留守儿童的成长变得不完整。一方面是过犹不及,可能是爱的无节制;另一方面是爱的缺失,难免让成长中的孩子失去应有的爱。每个人都知道,交给孩子一笔钱,不如教给他一种能力、一种方法、一种思想。作为父母,你有没有这样的思维不重要,重要的是对爱的自我控制。更令人纠结的是,不管是来自城市还是农村的父母,他们的创业打工、奋斗获得的财富和身份,与孩子得到的家庭教育之间,更多的是鱼与熊掌不可兼得的关系。父母之爱感受缺失的孩子因难以名状、难以割舍的切肤之痛而变得压抑,变得内向,甚至自闭,正是因为缺少父母面对面的交流和正确适时的引导。但请千万不要忘记,外出打工是为了什么,他们所做的牺牲又为了什么。当然,需要指出的是,父母自己是否具有正确的人生观、价值观、世界观,以及正确的教育思想和方法,这是更深层次的问题。人们永远不可能摆脱教育和被教育的主题。没有人愿意看到自己十数年的心血毁于一旦,而你根本没有回到从前再来一次的机会。

进入大学后,他们也到了生理、心理逐步成熟的阶段。男女感情的相互需要使大学校园里的爱情成为一种普遍现象。作为教育者,学校、家长和社会不必产生过多的疑虑和紧张,因为通过感情交流的挫折而获得成长和成熟也是每个人必有的人生经历。大学生的感情生活更感性一些,这毫不奇怪。只有经历,才有成长,乃至成熟。这个道理谁都明白。但是,时代的快速变化让家长、社会好像找不到能够指导纾解孩子的感情、

第八章 细说情感

欲求和经历的渠道和方法。这是情感教育的早期缺失所带来的结果。科学、宽容而有实际意义的教育疏导，才是帮助青年人认识和处理感情问题的正确选择。他们的不成熟最明显地体现在他们不知道什么对自己来说是更重要的，盲目地求新求大求同。不成熟是必然，但成熟不一定是必然。爱情，没有样板。在我看来，它是感情双方相互维系、相互吸引的过程和结果。社会的快速发展，人的感情也变得实际而快捷，但感情不是快件速递，能直接通达和谐，感情生活也绝不仅仅是一生的轰轰烈烈，而是层层递进、渐入佳境的人生历练。过程和结果，每个人关注的重点不同，最终获得的结果就会不同。

我曾了解到一项科学调查结果，两情相悦的一对，真正的婚后蜜月期只有144天。如烈火般炽烈的情感，我想每个人都无法承受。理性的爱情终归是慢慢由爱情转化为亲情。死去活来的爱情是不符合自然规律的，海誓山盟的激情也不能贯穿生活的始终。

曾有一对父母和我交流，探讨孩子的情感成长问题。他们应该说对自己女儿的教育还算成功。女儿初中毕业后，出于对音乐的爱好，在他们的帮助下考入当地一所省重点师范类专科学校学习钢琴。让他们感到欣慰的是，女儿虽已17岁，但跟他们平时的交流非常多。但在一个学期快放假前，妈妈突然发现女儿最近的话少了，郁郁寡欢，不像以前那么开心快乐。于是，她问女儿原因。女儿提到和自己的同学因为看法不同而发生了不快，并表示自己能解决。可是开学后，她并没有看到女儿的笑容重新绽放。首先，我肯定了他们女儿的做法，因为女儿初长成，需要自己经受人生的磨砺，那是一种进步，家长不应干涉。如果她自己解决不了，会主动向父母求助的。作为父母，教育的高明之处在于让女儿明白父母的关怀是发自内心的爱，随时都会给她好的建议，而一定不能先入为主，包办代替。那位妈妈跟我说，她女儿曾流露自己和同学曾有对化妆、买衣服的不同看法。我告诉她，孩子对事物已有自己的想法，只是因为沟通方法不当，才造成同学关系紧张。一次我和他们在某个场合"偶遇"。从女孩的行为举止来看，她是一个比较听话且比较规矩的孩子，而且比较内向，缺

少主动交流的欲望和能力。跟她谈起这个问题时,我肯定她是因为和室友对打扮和衣着问题看法不同才发生争论,并造成矛盾。其他室友的认识相同,而自己有不同意见,但缺乏合理沟通,造成自己因被孤立而苦恼。然后,我言明其他同学行为爱好的合理性,在如今的时代,尤其是青春年少的女孩子偏好穿着打扮和化妆本是人性使然,而且所学专业支持这种内在、外在共同成长的过程,没人愿意欣赏坐在钢琴前的演奏者素面朝天地弹奏优美动听的音符。艺术是需要由内而外的全身心的情感交流,而不只是对音乐的完美演绎。当然,化妆打扮应把握好尺度,以不影响自己的专业学习为原则。如果孩子自己解决不了这个问题,为其伤神,父母应该责无旁贷了。可以选择适当的时机,如在孩子周末下课后,到孩子的宿舍跟她和室友们一起聊聊。为了搞好与同学之间的关系,建议女孩组织全班学生进行汇报演出,并拿出切实可行的方案征求老师的意见。在准备演出的过程中,她可以多与同学们沟通交流,消除他们之间的矛盾,以崭新的精神面貌呈现给老师、同学们和自己。这样做,不但能消弭不和,带动更多的班级和同学组织更多的活动,让自己得到锻炼,更能增进与同学们之间的友情,也为自己的明天做好积淀。

感恩是人与生俱来的一种本能,现在却要对大学生重新进行培育。这不能不说是一场现实的悲剧。父母的无私奉献被当作一种习惯、一种应当;儿女忽略他们的关爱,成年后只把他们做的一切当作本就该做,把父母之爱视作应该。父母在总结自己的"应该"时,应该问问自己:"无私的爱是该这样的吗?这是你想要的结果吗?"感恩是对所感之人的人性回馈,不一定需要物质,但肯定更多需要的是对一种成长和一份责任的理解、培养和回馈。别人给予自己的,无论是关心和帮助,还是诽谤和毁坏,我们都应该心怀感恩之情,因为这些构成了生命中的真实。生命中不只有顺利,还有坎坷,不只有造就,还有毁坏。只有面对人生中的一切,学会面对,你才能懂得真正的人生和生命的意义。

走进大学校园,知识的积累和能力的提高将为未来个人事业的发展奠定基础,也是个人感情生活的基础。但是,绝大多数的校园爱情只是一种

情感体验,很多都是无果而终。这样看来,成年人的担心、指责和干涉似乎非常不近人情。无可厚非的情感体验只需青年男女的你情我愿,他人不应强行阻拦。这种青涩的体验是个人成长中的重要部分,但我希望他们在遇到情感挫折时不要失去生活的勇气。

在情感教育过程中,教师自身的情感体验和领悟将对学生产生较大的影响。马克思说过"用爱来交换爱",师生之间具有良好的情感交流基础是教育成功的前提。首先,教师应该热爱学生,即以情育情,才能有"亲其师而信其道"。教师热爱学生,对学生寄予希望,学生在心理上就会得到满足,因而乐于接受教师的教育,对教师真诚友善,对教师教育的理解也特别深入,反馈也更加强烈。其次,教师应加强自身的情感修养。最后,教师应与学生保持密切的联系和一定的共处时间。情感教育是通过情感交流实现的,情感交流是一个不间断的互动过程,需要花费大量时间。教师要充分利用教学环节和课余活动,结合学生的实际情况进行交流,避免说教。只要真诚地关心和帮助学生,必然会产生师生情感上的共鸣,获得良好的交流效果。

除要面对情感的考验外,学生们在毕业时往往会感到压力重重,主要是因为对即将进入社会没有做好充分的准备,没有明确的目标和方向。加上性格和心理上的不稳定因素,一些旧有的矛盾很容易造成一定时间内的心理失衡。很多人都会陷入孤立无援的境地,缺乏有心理健康教育经验者的引导,再加上很多学校虽有心理健康教育中心、大学生就业指导中心等职能机构,但实际上发挥不了更大的作用。这样,在内、外因素的共同作用下,由于心理、性格等问题引起的突发事件必然会增加。

情感教育不应只是大学教育的一部分。作为一个有思想的人,从他呱呱坠地的那天起父母就应该教他如何去"爱"人。

校园爱情普遍存在,很多人都会陷入情感的旋涡,从而影响了正常的生活和学习。上海一些高校特地为学生们开设了情感教育课程,如女性学、大学生情感等,帮助他们通过学习与交流走出心中的困惑。这些课程一开设就引起了学生们的广泛关注。

小周说:"作为一名男生,我想了解关于女生的一些事情,主要是她们考虑问题的角度。"他是上海交通大学二年级的一名学生。他说,他们学校里男生人数远远多于女生,特别是一些工科专业,女生更是少得可怜,所以很多人对待男女感情问题像是"缺少一根筋",不懂如何与女生交往、如何解决感情问题,"如果我能知道女生在想什么就好了,当然不只是为了谈恋爱,还有正常的同学交往,就会与她们相处更融洽一些"。

上海交通大学开设的女性学课程一夜之间红遍整个校园。"如何看待网恋""选秀是不是利用漂亮女性作为赚钱工具的一种行为""如何看待'不求天长地久,只求曾经拥有'""女方比男方优秀很多的婚姻是否会幸福",一个个尖锐而发人深思的话题在课堂上被提出来。这些问题不仅是许多女生密切关注的,而且是许多男生渴望了解的。

而在华东师范大学、上海外国语大学等女生多的学校,主动学习女性学、婚姻学等课程的人非常多,其中有相当一部分是男生。上海外国语大学的小郑选修了女性学课程,他说:"我是和女朋友一起选择这门课程的。选这门课是想更多的了解一些与现实有关的问题,而且关于一些敏感的问题很想听听老师给出的建议,毕竟平时没有机会和老师讨论这些问题。"华东师范大学的小叶说:"开始选修情感教育类的课程时,是感觉课名有意思,但是上完课后发现这个'有意思'已经变成了'有意义'。"通过学习身体、心理、爱情等内容,小叶发现自己更了解母亲,也更理解女性,开始思考未来婚姻生活中自己的责任。他的同学表示,通过这些课程的学习帮助自己打破了思维定式,学会客观全面地看待身边的人和事。上海外国语大学的小王说:"我了解了关于人性学的更多知识,主动地思考社会和人生。教师们从不抱定一种理论、一个观点。对于敏感问题,我们通过查找相关资料进行讨论和思考,得出自己的结论,在课堂上与大家自由交流。一次,老师布置了关于'计划生育'的讨论主题。我在网上查了很多资料,详细了解各种观点。之后,我连夜写了一篇文章,这是学习的过程,也是思考的过程,我很享受。"

大学生谈论爱情早已不再"犹抱琵琶半遮面"了。卧谈会上、餐厅里

的饭桌旁、教室里课间休息中,他们常常兴致勃勃地谈论爱情。但是,爱情也是常令他们苦恼的问题之一,如何对待爱情是每个大学生的必修课。

爱情是一个古老而永恒的话题。美国著名心理学家斯腾伯格在1988年提出的"爱情三元论"认为,人类的爱情虽复杂多变,但基本上由三种成分组成,即动机、情绪和认知。而在爱情中的认知,对情绪与动机两种成分而言,是一种控制因素。如果将动机与情绪分别视为电流与火花,那么认知是开关或调节器,它将根据爱情之火的温度进行适度调节。他进一步将动机、情绪和认知各自在两性间发生的爱情关系中称为"热情、亲密、承诺",即以动机为主的两性关系是热情的,以情绪为主的两性关系是亲密的,以认知为主的两性关系是承诺的、守约的。而完美的爱情应该是具备三者,且合而为一的。

16岁至18岁以后,随着性心理、性意识的成熟,男女生交往频率的增加及环境因素的影响,多数学生进入恋爱阶段。由于个人经历、社会文化背景等方面的差异,学生们在心理特征上的表现可能存在很多不同。

心理学家根据恋爱中的男女对爱情的追求,进一步把爱情分为健康和不健康两大类。健康的爱情表现为不过分痴情,不咄咄逼人,不显示自己的爱情占有欲,能够充分尊重对方;将爱情给予对方比向对方索取爱情更使自己感到欢欣,并以对方的幸福为自己的满足;彼此独立的个性的结合。不健康的爱情表现为过高地评价对方,将对方的人格理想化;过于痴情,一味地要求对方表露爱的情怀,这种爱情常有病态的夸张;缺乏体贴怜爱之心,只表现自己强烈的占有欲;偏重于外表的追求。

对大学生而言,曾经产生过重要影响的亲子关系、师生关系、伴群关系等,正让位于两性间的恋爱关系。恋爱关系对大学生的意义,实际上已超出了这种关系本身,而成为其自我认定和自我价值感的基础。所以,大学生恋爱是身心发展的需要,对其心理健康也有积极的促进作用,但必须是建立在真正健康的爱情基础之上。反之,不仅不利于其心理健康,而且由于大学生的身心发展并未完全成熟,可能对其身心健康造成很大的危害。

"恋爱"是指男女双方基于一定的物质和共同的理想等精神条件,在生理走向成熟时在各自的内心形成对对方的最真挚的仰慕,并渴望对方成为自己的终身伴侣的最强烈、最稳定、最专一的感情。谈恋爱是指双方相互了解、互相熟悉的过程。

大学新生的年龄一般在18岁左右,生理和心理也都趋于成熟,具备了谈恋爱的条件,有正常的恋爱需求。大学生谈恋爱也是非常自然的事情,话说"哪个少女不怀春,哪个少男不多情"。那么大部分学校采取的一般做法是整顿校园风气,敦促学生一心向学。这样做的本意虽好,只是实在有违人的本性,粗暴干涉并不能有效控制校园恋情的蔓延趋势。相反,学校可以如大禹治水一样,尽量多疏导而非堵塞,也可将恋爱作为大学生的一门选修课程。然而早些年中国的大部分高校基本对大学生谈恋爱持强烈的反对态度。现在的学校和家长们基本保持一种"不鼓励、不限制"的态度。

首先,恋爱有助于学生的情感宣泄,平衡其身心的健康发展。进入大学之前,学生们的生活几乎被各科学习、考试填满。在沉重的学业负担下,他们对异性的感情基本处于懵懂或被压抑的状态。而考入大学后,整体的学习环境相对宽松很多,他们有更多的自由时间,也有相似的烦恼,如背井离乡的忧愁、情感的宣泄和寄托,而恋爱可使他们互诉衷肠。

其次,异性相吸,天性使然,恋爱可使学生的情商和智商得到一定程度发展和提高。在恋爱的过程中,从求爱到等待、从确立关系到深入沟通,都需要恰当的选择、判断和回应,否则会遭遇挫折或者戛然而止。所以,如何把握感情的分寸,是大学生在恋爱中必然要面对的,也是提高情商的好机会。此外,在确定恋爱关系同时,他们还要面对现实的学习,如上课、各科考级、期末考试、毕业论文等。恋情可能成为学习的催化剂。谈恋爱的大学生中,不乏为了感情而努力奋斗、一起打拼的例子。校园爱情的双方大部分都是同学,少了社会里的那些择偶标准,多了共同语言和感情基础,使得恋情更加稳固,消除了世俗的功利。

最后,恋爱可使他们的人格更加健全。恋爱并不一定都会有圆满的结

局。即使在结局圆满的恋情中,也会有不少磕磕碰碰。如何处理失恋、如何处理恋爱双方的关系,是每个人都会经历的。在大学里通过这样的历练,对学生们人格的形成和完善显然是有益的。

当然,教师需要对学生们的爱情观进行必要的纠正和引导。如今的大学生受到的影响是多元的,对待恋情也有很多不同的看法,其中有很多看法偏离了爱情的本质。现在的大学校园里,恋爱导致的学业荒废、本末倒置的现象普遍存在。如何规范和引导校园恋情,需要我们给予更多的关注。

毋庸置疑,恋爱是人生中的必然过程,其中出现各种问题也是正常的。恋爱中的大学生要正确处理学习、生活与恋爱的关系,协调好课堂学习和感情生活。在课堂上或校园里,我们经常能看到这样的情景:一对对热恋中的男女毫无顾忌、情不自禁、旁若无人、如胶似漆。这不但耽误了自己的学业,而且对学校整体的学习环境造成较为恶劣的影响。更有甚者,因为深陷恋情无法自拔,不但荒废了自己的学业,也耽误了对方的人生。当收到一纸劝退通知时,不但他们的爱情走到了终点,而且双方的学业和人生都遭受沉重的打击。虽然重新开始新的人生未必不可,但他们损失的不仅仅是时间、经历,还有一份情、一种人生。爱情必须有存在和发展的基础,就是你们不能在学习和生活中被落得太远。

我再深入剖析一下"恋爱"的本质。其实,"恋爱"两个字揭示了男女双方情感交流的过程和最终结果。首先从汉字的结构来看,"恋"由"亦"和"心"组成,说明男女相恋必然是双方为事、为情、为心的过程。所谓"为事",就是因为某个具体的场景或者一见钟情而两情相悦,发展到"为情"则必然是两人通过"恋"这一具体过程相互了解、互诉衷肠,最终"为心"相互吸引而更加紧密,从而成为一对"恋人"。而相"恋"后最终能否走到相"爱"的终点,就不是那么简单了,其中必定会延伸出一种责任,双方需要共同面对和承担,从而使"恋"变成"爱"。家庭绝不是现在的两人共处一室、一时激情,更是本来天各一方、不同社会经历的男女之间的爱情变成相濡以沫的亲情港湾。而在两个人有了爱的结晶后,他们相恋时的风花

雪月必然不再是一种常态，而柴米油盐、抚育儿女将占用大部分时间。"爱"字上面那个"撇"将丈夫、妻子、孩子"三点"置于同一个屋檐下，只有当他们有了共同营造的家，才能最终在爱的天堂里成为一辈子以亲情相系的亲人。而爱情的真谛并非风花雪月或轰轰烈烈那么简单，而是要完成从爱恋到承担责任的过渡。只有领悟了爱情的真谛，才能一步步体会到爱情体验的深浅所带来的快乐与痛苦。不必在意恋爱成功带来的甜与美，也不必深究恋爱失败带来的苦与痛。谈恋爱总会有成功或失败，有得到就有失去。当恋爱失败时，我们感受到的不应只是爱的痛，更应有感情上的成长和成熟。

情感交流中首先需要建立的是信任。恋爱中的男女之间产生一些矛盾，这是很正常的。如果恋人之间出现信任危机，那么感情或婚姻也将走到尽头。恋人之间没有谁高谁低，而是相互平等和彼此尊重，是相互迁就、不断磨合。如果没有坚持原则的宽容谦让，那么如何能让不同背景、不同成长经历的男女成为相爱一生的伴侣，并让相互依恋的爱情转为彼此依靠的亲情。

一般情况下，恋情的发展是从熟人到朋友、好朋友，再到知己、恋人。当一个男性（女生）成为一个女生（男性）心中任何人都不能替代的角色时，爱情就可能降临了。在分享快乐和痛苦、一起成长的过程中，恋人的爱情之火会越来越猛烈。虽然现在恋人之间感情交流的渠道越来越多，网络缩短了人与人之间的距离，但是感情的交流需要面对面地进行，才能有更真实的感受和体会。

不能以世俗的眼光对待大学生之间的恋情，妄加判断和评论，甚至粗暴干涉，因为他们之间的感情需要才会出现这种现象，而且这种现象也完全符合人性的发展。其实，对待爱情不应太过计较得失，这是你人生中必然的一种经历。恋爱失败的男女也不必太过失落，完全可将分手当作一种挫折和成长。虽然分手会使你陷入暂时的沮丧和痛苦，但它会慢慢地让你变得更成熟，不必怨天尤人，甚至痛不欲生，因为你应坚信自己获得了又一次成长的机会，不单单是在情感上，而且更是人生的一种磨砺。最

第八章 细说情感

终,你一定能收获甜蜜的爱情,只是需要自己静下心来深刻地反思、好好地总结、勇敢地磨炼、彻底地改变。

用心经营你们的爱情,不仅是对校园恋情的劝勉,而且是对真心愿意走进婚姻殿堂的恋人的忠告。纵观古代中国的婚姻制度,"情"和"分"一直被严格地保护着。从西周开始,官府就对"休妻"规定了"三不去"原则:有所娶无所归,不去;与更三年丧,不去;前贫贱后富贵,不去。大意是说,娘家已无人的妻子可以不去,以免离异后妻子无法生活;与丈夫共同为父母居三年丧的妻子可以不去,表示不忘她的恩德;贫贱时娶的妻子在丈夫富贵后要求离婚时可以不去,表示不使丈夫违背道德规范。如今,中国的离婚率逐年递增。飞涨的离婚率推动了立法的进程。法律为解决矛盾不断越俎代庖,本应由道德坚守的阵地,变成了法律的底线在哪里道德的底线就在哪里的可悲退让。婚姻的真谛到底是什么?每对夫妻都会给出完全不同的答案。《诗经》中的"执子之手,与子偕老"应是婚姻的最终结果,但不只是两个人的"幸福"。富兰克林说:"夫妻和睦,一家之福。"而中国的婚姻法泰斗巫昌祯教授认为:"道德最要紧,法律不是万能的。"在任何社会里,法律越完善,甚至越严苛,它对应的社会就越危险。我们不能因为离婚率高的社会现实,就无限地要求法律为感情矛盾善后而"一劳永逸",要坚守道德的底线,还爱情以真情。与其为给自己留条后路而不断竭力完善法律,不如静下心来经营自己的爱情。

第九章 解读心灵密码

导言：心理是否健康，是当代大学生个人素养的重要方面。心理问题的纾解关乎每个人的一生。

在我国，"教育"一词最早见于《孟子·尽心上》中的"得天下英才而教育之，三乐也"一句。在20世纪之前，思想家们论述教育问题，大都使用的是"教"与"学"这两个字。20世纪初，从日文转译过来的"教育"一词取代传统的"教"与"学"，成为我国教育学研究中的一个基本概念。广义的教育是指凡是能够增进人的知识和技能，影响人们思想品德的活动，增强人的体质的活动，不管是有组织的还是无组织的，系统的还是零碎的，都可以称为教育。狭义的教育，即学校教育，是指教育者根据一定社会或阶级的要求，遵循年轻一代身心发展的规律，有目的、有计划、有组织地引导受教育者获得知识技能，陶冶思想品德，发展智力、体力的一种活动，以便把受教育者培养成一定社会和阶级所需要的人。更为狭义的教育即指思想道德教育。

教育的目的是人类对活动结果的一种指向和规定。教育目的的确定不仅是一个国家人才利益的意志体现，更为重要的是它可以规范教育活动的全过程，使教育活动更加符合教育的规律性和社会的需要。因此，教育目的对教育活动的顺利进行具有多方面的作用。教育目的是根据一定社会的政治、经济、生产、文化、科学技术发展的要求和受教育者身心发展的状况确定的。它反映了一定社会对受教育者的要求，是教育工作的出发点和最终目标，也是确定教育内容、选择教育方法、检查和评价教育效果的依据。

无论如何描述教育的目的,从实质上看,它的主体应该是国家、社会与个人之间的相互关系带来的认知和规范的趋同问题。既然教育的目的是人类对活动结果的一种指向和规定,就必然要求教育是国家、社会所必须遵守的,用以公民个人共同汇聚的一种认知和规范。而每个人的心理健康程度,关乎每个人共同认知和规范的汇聚与否,关乎每个人实现共同认知和规范的心理基础是否牢固。把受教育者培养成为一定社会需要的人,这样的教育目的的总要求,就会检验社会主体和人的自我主体的相互关系和效果问题。

一、健康的心灵需要历练

心理健康关乎个人的发展,甚至国家、民族的未来。走出彷徨与困惑并不容易,除了自身的原因外,还有就是真正愿为每个人的心理健康而切实去做的人太少了。如果这些心理问题未能得到很好的纾解,那么这样一个即将踏入社会又被寄予太多希望的群体将如何走出阴霾找到自己的方向。每个人都将接受社会现实的检验,而且现实社会对我们的要求也越来越多、越来越高。塑造一颗健康向上的心灵,需要自我的不断完善,更需要全社会的共同关注。

先说说我的外甥女。她出生于条件优越的家庭,自小天真活泼、聪明伶俐。每次回到外公外婆家,她都能带给我们太多的欢声笑语。她能给外公、外婆上课,教他们写字读报。时光飞逝,她很快就成了马鞍山当地最好中学里的一名学生,但她小时候曾有的童趣童真已消失不见了。在学习的重压之下,她渐渐地失去了这个年龄的孩子该有的一切。我能看得出,她"越来越成熟"的外表下所掩藏的焦虑和忧郁。分数成了她生活的全部。她矜持的外表下包裹着一颗脆弱的心。看她在一次考试中出现一些问题,作为舅舅的我本想跟她简单交流一下,帮她分析原因,提出一些建议,但没等我说几句,她就已经泪流满面、转身闭门了。

终于,在一个除夕之夜,在全家人的欢声笑语中,我再次尝试跟她简单聊聊,她终于愿意开口向我倾诉心中的烦恼了。我记得她原来的语文成绩非常优异,得过全国小学生作文二等奖,其他科目的成绩也很不错。现在,她不太喜欢政治一科,又面临高中文理科分班,不知该如何选择。我将一个曾经跟我学习打球、后来考上南京大学西班牙语系的学生作为切入点,帮她分析是学理还是学文。如今考入高校选择自己喜欢的专业,已是越来越容易的事情。当然,这种"喜欢"不是那种简单的想象,而是对专业进行深入的了解和思考。从当代中国教育的大趋势来看,作为基础教育的终点——本科阶段的学习,只是一种基本的思维和能力培养,以后还是需要继续深造的。从功利的角度来看,通过高学历抢占社会地位的制高点,那是必需的自我挑战。从学习和教育的角度而言,学习积累自己感兴趣的东西是非常重要的,因为这是你实现自己人生价值的根本。只有这样,我们在走上社会后才能有目标、有信心、有思考、有准备,也才能给社会认识并选择自己的理由和机会。我一直认为有目的的喜欢和无目的的喜欢是完全不同的。如今高校本科教育的目的性不强,没有涵盖所有招聘的万能专业,只有招聘单位认为是否适合的专业,因此在相同的平台上择业的多样性显然是不现实的,还有家人的期望对我们的重要影响。我的外甥女向我倾诉了很多烦恼,其中一个让我感慨良多。她担任班级的宣传委员,除了学习之外,还要组织很多学生活动。然而班里的同学大部分都是女生,都只自顾自地专心读书。她为学校布置任务后执行起来非常艰难而苦恼不堪。我告诉她这一切都是正常的,因为好好学习必然是大家心中唯一的大事。父母、学校和社会的殷殷期望不断使每个人心无旁骛地把自己绑在虽有不同目标但必定同向前行的战车上。孩子们脆弱心灵的无奈挣扎让他们不堪重负,在与年龄不相称的重压之下只有强者才能突出重围。为了所谓的学习保持领先,她的同学们相互封闭信息,切断正常的课业交流,这些其实都是一代人在学业重压之下的无奈而又必然的选择。现在老师们的压力并不是自己给自己的,而是整个社会所赋予的。

2018年,外甥女报考了上海财经大学的研究生,考了不算低的分数却

名落孙山,因为近年来"两财一贸"热度蹿升。经过慎重思考后,她毅然决定再考一年。家人也非常支持她的决定。经过一年的努力,虽然考分不低,但她仍然未被录取。通过调剂,她以第一名的成绩被杭州师范大学国际贸易专业录取。难道不是一种自主努力,不是一种自我奋斗,不是一种主动改变吗?

我的不少学生在考研中也遇到过很多类似的情况。其中,有些人垂头丧气,有些人一蹶不振。我耐心地开导他们,人生没有永远的完美,但正是因为积极努力和不懈奋斗,才能慢慢靠近自己设定的目标。这难道不是一种奋斗中的成长和快乐吗?直达目标固然快乐,甚至荣耀,但人生之路不可能永远都是笔直的,更多的路是曲折向前的,也只有这样的路才能让你不断感悟到生命中奋斗的深意。努力、奋斗就是成长、成熟,就是人生的意义。诚然,就像很多同学所说,许多招聘企业越来越看重我们所获学历的学校背景。但是,我们就这样一步一个台阶地不断攀登,难道不是更能彰显我们不断努力前行的踏实和坚毅吗?辉煌炫目不是人生中唯一的荣耀,而坚毅执着更应是我们的精神状态和力量源泉,毕竟人生之路还很长。

这些已经成年的大学生的心理健康问题得到了全社会的普遍关注。2008年,高等教育出版社社会学习资源分社在华中、华东和京津地区的28所高校中组织了大学生心理健康问题调研活动。本次调研获得的数据显示,大学生最大的心理压力来源是就业,占57.4%,其次是学习,占53.4%,情感占27%,人际交往占23.5%,经济条件占14.4%,与父母的关系占8.6%。学习压力与就业相关,就业已经成为大学生的主要压力。

与主要压力相关的各选项中,社会交往问题占59%,是造成大学生心理问题的主要原因,自我感觉中的抑郁占26.1%,强迫症占24.3%,自卑占20.7%,自我感觉中学习障碍占15%,缺少生活目标占14.8%。

本次调查发现,各年级大学生存在不同的心理问题,主要表现如下:

大一学生:无法快速适应大学生活,具体表现为学习上不适应、不会处理人际关系、失落感强烈等。

大二学生：心理问题较多，具体表现为生活琐事引起的各种矛盾，恋爱造成的心理困扰，比赛、奖学金等引发的同学矛盾，就业压力的提前释放等。

大三学生：情感问题突出，具体表现为恋情问题、性心理问题大量存在，考研、就业压力提前释放等。

大四学生：就业之路在何方，具体表现为没有详细清晰的职业规划、职业目标不够明确、无法直面求职过程中遭遇的挫折等。

从调查结果可以看出，大学生的诸多心理问题会使其肩负重重压力。然而这些心理变化又是他们在成长过程中必然要经历的，无法避免。因此，如何帮助他们适应这些变化，就需要我们共同努力了。

大学生在生理、心理等方面逐渐走向成熟。大学校园里那种可以顺畅沟通的环境和氛围，为男生、女生们的情感需求提供了一定的条件，因而有了男女生之间进行交流、抒发情感的可能。男女生之间相互的情感需要使更多的校园爱情得以萌发，但是绝大多数的校园爱情只是一种情感体验，很多是无果而终的。需要特别指出的是，不能将"情感"和"感情"混为一谈，它们之间是有根本区别的。《心理学大辞典》认为："情感是人对客观事物是否满足自己的需要而产生的态度体验。"感情是个人的主观体验和感受，与心情、气质、性格和性情有关。我们有责任引导学生们正确对待情感问题，认识爱的真谛。

一个学生下课后向我倾诉自己的烦恼。入校后的一年中，身边的很多同学整天无聊地打游戏混日子，他不愿随波逐流，而是选择多读书多学习，静下心来不断积累。由于与其他同学对生活和学习的认识和追求不同，他与周围的环境显得格格不入。为了避免与其他同学发生不必要的冲突，他不愿表达自己的真实想法，心里变得更加矛盾和纠结。我帮他分析问题、纾解情绪，提醒他应该明确自己的追求和目标，不应该不断地压抑自己，而要通过生活和学习展现自己的人格魅力，触动身边的同学反思自己的生活和追求。我推荐他去找一个即将毕业的学生。他是工业设计专业的学生，虽然在学习上不是非常突出，但能始终坚定信心而有所追

求。在学有余力的情况下,他充分利用课余时间自学各种工业设计软件,不断提高专业水平,逐步走上了为小企业设计产品的职业道路。获得一定经济收入的同时,他还带动身边的同学共同参与,发现了迎接真正的社会挑战的锻炼机会。我把他的联系方式给了这位有烦恼的同学,希望他也能加入这个积极向上的团队。我还告诉他先通过自我学习获得能力提升的重要性,要紧紧抓住现有的机会历练自己,但最好不要单打独斗,找到合适的机会建立自己的团队,鼓励、团结身边更多的同学一起参与,最终通过实践影响带动同学们努力奋斗。这样,不但通过实践锻炼了自己,而且检验和提高自己面对未来挑战的能力。大学是一个难得有同龄人一起学习生活的小社会。同年龄、同学历、同生活的状态下,多元而富有创造力的思想和行动更有实现梦想的可能。

　　一个家在本地的学生的母亲主动找我交流。她的儿子在读大二,但是入学后发现自己不喜欢所学专业,逐渐丢失了学习的目标,变得消极沉闷,面临试读后可能被劝退的窘境。为了帮他调整情绪、纾解心理问题,她带着儿子去打羽毛球。在很短的时间里,她的儿子就喜欢上了这项运动,场场不落,乐此不疲,但是打羽毛球又变成母亲要求他去学习读书的条件。这位母亲实在没有其他办法,只好请我帮帮她的孩子。他白皙的脸上写满了稚气。一次,我看到他满头大汗,一手拿着一个包子大口咀嚼,另一只手不停地旋转球拍。此时,我读懂了他的内心。从他的举动可以看出,他对一些事物还是心存好奇的,并没有完全丧失兴趣,但必须要做自己喜欢的事。在和他交流的过程中,我以此为契机对他进行引导。他向我倾诉了第一学年的大学生活,因为担任班干部要为大家服务,而且不喜欢父母为自己选择的专业,所以忽视了学业,第一学年结束后被学校要求试读。之后,他感觉同学们会有意疏远自己,逐渐陷入迷茫无助的状态,很想退学出去找工作。我要求他认真考虑:"如果现在退学就是退缩;凭何种能力和本领让用人单位认可自己;是靠钢琴六级的水平、本就不够坚定的决心立足社会,还是将来被父母养到老呢?"他沉默无语了。我与他订立了"君子协议",希望他利用暑假时间考虑好自己究竟能干什么,然后去找一份兼职工作体验一下,如果能赚到第一份工资,我们再面对面交流。后来,他的妈妈告诉我,他暑假决定先去一个网页设计培训班学习,这是他的兴趣所在。

在"与大学生的心灵对话"课程结束前的最后一次课上,我特地增加了一个教学内容,让所有选课的学生谈谈自己在进入大学学习生活一年或两年后的感受,谈谈自己成长的心得和体会。通过与30多位学生课上、课前、课后的深入交流,从当代大学生群体的现实行为来看,可以说"低头族现象"已经是大学校园,甚至整个社会的常态了。上课前绝大多数学生都会在座位上玩手机,无不点击浏览微信、小说,无不疯狂点击游戏按键。随着智能手机的问世,手机软硬件的不断更新,人们的生活越来越离不开手机。当今人类依存的三大工业支柱是能源、信息和材料。而对它们的新开发和应用,无疑彰显了人类不断改造世界、征服世界的进步。以材料的发展为例,人类开始先在旧石器、新石器时代从对简单自然材料的初步利用,发展到5000年前对自天而降的陨石铜的认识利用,再到中国3000多年前青铜文化的凝聚,17世纪开始的英国工业革命将近2000年前出现的铁的发展推向以钢为主材料生产的钢铁革命,又到300年前铝合金的出现,再到20世纪中下叶出现的钛合金的开发使用,中间还出现了高分子材料、复合材料等一系列新材料的发明和应用。一系列材料的变革无疑给人类社会和生活带来了一次又一次极大的便利。从自然界中不到100万种自然材料到如今开发的超过1000万种各类合成材料的发展史,不仅见证了人类历史的发展,而且极大地推动了人类文明的进步。今天我们的生活又因为互联网、大数据等技术的发展使信息的获取变得极为便利,信息的高效利用也成为每个人、每个国家乃至全人类共同的责任。

如何应对知识经济的迅猛发展所带来的挑战,关乎每个个体、每个国家,甚至全人类的生存和发展。对中国这样一个拥有近14亿人口的大国来说,中华民族的伟大复兴,绝不只是靠精英阶层的奋斗,更应该是国人的集体努力。现代大学生不应仅仅为自己的前途和家庭奋斗,更应担负起为民族、为国家奋斗的使命和责任。

手机的滥用最真实地反映了太多人忙碌却无益的浪费。不分时间、地点，无论你我是否正面对面，无论是孩子还是成年人，很多人都是手机纵横恣意、目不暇接。若要问大家用手机在做什么？大多数人都会说"我在玩游戏、刷微信、看小说……"，很少有人会说正在查询有用的信息。

在上课的过程中，我越来越明显地感觉到他们身上的变化。不少同学已经很难用语言交流的方式与他人正常沟通了。即使用微信进行交流，也是错字连篇、表情嫌少。真的有人相信，不用面对面的直接对视，就可以深入心扉、互诉衷肠吗？网络快餐文化让语言沟通变成了快速点击，变得不再真实可信，变得不可捉摸。手指虽然灵活，但终究不能让两颗心灵走得更近。

我在和很多同学谈到所谓"网瘾"问题时指出，"网瘾"不是别的，就是在五彩斑斓的网络游戏世界里自己和对手进行挑战与对决，在"征服意识"的驱使下产生战胜对手的"心理快感"。在现实生活中战胜不了自己却能闯过游戏关卡的人，只能带着逃避现实的软弱和悲哀在游戏的虚拟世界中找到释放自己的方式，排遣在现实中的不快和痛苦，让自己得到暂时的"虚拟满足"。但是，为了获得这种"真实对决"后的心理满足，你需要花费更多的时间和精力，而且一旦深陷其中就会难以自拔，那种"虚拟满足"永远也无法填补你心灵的空白，人生中最宝贵的青春岁月又岂能如此浪费。在现实生活中，无论是孩子还是成年人，我们都很难把控自己在从过程到结果中获得的快乐，无论在哪条看似"快乐"实则"毁灭"的道路上。

欲念的形式有多种。曾有调查发现，大多数网民上网是为了玩网游、QQ等交流、网络论坛或贴吧等，只有少数人能真正把它们有价值的功能发挥出来。人们为自己所创造的"物"拖累，那才是人类最大的失败。随着网络游戏的不断开发和持续更新，很多游戏者纵情沉溺于虚拟的"征服快乐"，落入游戏精心设计的挑战和虚拟满足的"圈套"。有更多的游戏玩家为虚拟的"快乐"所吸引，这正是游戏开发者的主要目的。游戏玩家在虚拟的"快乐"中无法自拔，而游戏开发者赚得盆满钵满。当你彻底脱离了现实生活,整日沉溺于没有任何意义的虚拟世界时,你必然不再想面对真实的人和社会现实,这才是对自己真正的残忍。几乎所有无法自拔的"网瘾者"都执着于一个本不存在的世界,那个虚拟世界似乎成为他们生活的全部意义,而他们本应面对的现实世界已经完全失去了吸引力。饮鸩止渴的故事人尽皆知,"网瘾者"也不是不明白,但是经过拯救帮扶后仍不能清醒认识自己的也大有人在。达尔文在进化论中对自然界的诠释——优胜劣汰、适者生存,同样适合社会中对人才的选择。大学生本应是肩负重任的社会中坚力量。作为教师,我们应该在学生走入社会前不只传授理论知识,还要赋予他们应该承担的社会责任。我们应该"怎么做",不只是一种责任,更是一种境界。

深入研究游戏上瘾者的心理变化可以发现,尤其是男生比较痴迷的对战类游戏,在与游戏对手交战的过程中,谁都没有足够的时间和空间去考虑其他事情,有的只是不断地重复挑战、关卡的设置、成长的积分、宝贝的拾取等,要求游戏者始终保持心无旁骛的状态,而游戏已经完全占据了你的一切。不停挑战的欲望、重复加强和循环往复、长时间的征服与被征服形势的瞬间逆转等,会无间歇地占据游戏者的心灵,造成重复的心理刺激,使受激者因这种心理刺激而备受煎熬,盼望尽快重新投入意欲征服的对抗中,以获得无休止的饮鸩止渴般的"征服快感"。大家是否注意到一种现象,家长从网吧里找到自己孩子花费的时间越长,孩子看向家长的眼神就越迷离,其精神状态与正常人迥然不同。我将这种现象称为"极端欲望短暂失己"。他们的表现就像电影中卓别林在工作之外仍然执着地重复"拧螺丝"动作那样可笑,因为持续刺激的时间越长,就越会冲击人类正常的心理架构,向另一个方向发展,最终不再是"短暂失己",而是丧失正常的人类本能和脱离社会生活,这才是网瘾的真正可怕之处。一般的网瘾者都会以各种自我心理度量结果为借口来拖延需要立刻去做的事情。一个最明显的例子是,一个学生如果长期沉溺于网络,就总会给自己这样的心理暗示:反正期末考试还有几个月,我又不笨,到时总会有办法让所有人都满意的。而这完全是人的天性,因不受约束而长期自我沉溺造成

的恶果。

　　还有两种沉溺于网吧的现象也值得探究。调查发现,中国沉溺于网吧的人多是青少年,他们在昏天黑地、不分昼夜的神战中拼命厮杀,网游点燃了他们心中的原始火焰。从他们神战之后迷离的眼神、恍惚的精神和蹒跚的步态中,从他们受到强烈"刺激"后苍白的脸庞和布满血丝的双眼中,我们能明显地看到被称为"极端欲望短暂失己"的可怕。一个虚拟的强壮战士手持各种花样武器,面对瞬间变换的现实场景制造了所能想象的各种恶果,这是很多虚拟延伸到现实的必然。而在现实生活中,这类群体非人性的聚集造成了更多的恶果,用更多的"征服"来满足内心不断滋生的更多欲望,背离正常人的生活,甚至背弃美好的人生。另一种现象就是网络聊天、贴吧甚至暗网的火爆,所有的不满、狂妄和暴虐都能无所顾忌地在这里得到释放。在虚拟的网络中,你在现实中看不到的人性畸变都得以淋漓尽致地展现出来。如果只是为了发泄负面情绪而狂"扁"橡皮玩具倒也无妨,但是心理畸变一旦变成现实就会一发而不可收拾。如今"极端欲望短暂失己"现象越来越多,这些年轻人志趣相投、抱拢成群,逐渐成为所谓"另类人群"。对网瘾者个人而言,长时间的网战后丧失理智的时间长短不尽相同,但在这种状态持续的过程中一旦有可以释放的"理由"和场合,在正常人看来不可理解的突发行为瞬间就会发生。"激情犯罪者"往往在手铐加身后,才产生连自己都难以说清的悔恨,其实这就是"极端欲望短暂失己"作用的体现——不计后果且很难自控的瞬间爆发。通过对上网操作专注力的分析可以发现,它几乎挤占了现实中正常的人际交流。

　　我在学校的办公室、楼道、教室里,经常能看到家长们因孩子主动退学而无可奈何的眼神,也无数次看到家长们在教室门外探看孩子上课状态的身影。一次,我回到教师休息室,看到一个面色黝黑、双目无神的少年站立一旁,他的眼睛不停地东张西望。他的舅舅和姑姑正与班主任面对面坐着说话。我简单询问了情况后得知,原来他是主动要求退学的。看到他的两位亲人眼中的落寞与无奈,我忍不住问他:"你不打算上学了,

那退学后准备做什么呢?"他抬眼看着别处,随后又低头小声说:"我也不知道。"

  我曾教过的两名学生和他们的家长,可以说形成了鲜明的对比,他们的未来必然是殊途同归的。一天下课后,我回办公室时看到了一位衣着朴素、脸色灰黄的中年妇女坐在楼梯的台阶上。我急忙问她:"你为什么在这里坐着?到我办公室里歇歇吧。"反复推辞后,她随我来到了办公室。简单的交流后,我知道了她来到这里的原因。她的儿子正在二楼的机房进行CAD实习。她是一位陪儿子读大学的母亲,来自甘肃农村,之前为了谋生到城里打工。虽然她的儿子在读高中时就沉溺上网,但是在父母的监督下终于从甘肃考上了大学。考上大学后,他又深陷网瘾。她非常担心他因为网瘾耽误了学业,与家人商量后决定放弃工作来这里陪读。为了给他筹集上学的费用,他的妹妹忍痛放弃了自己的学业,减轻家里的负担,只身一人去上海打工赚钱。虽然一家人为了他能完成学业几乎倾其所有,但是他将家人的苦心和付出抛之脑后、两耳不闻。只要她稍微放松一下,他就从学校溜出来跑到网吧里继续那种毁灭自我的"快乐"。听完这位母亲的故事,我起身来到机房跟任课教师确定了那个孩子的座位后,告诉他下课后到我办公室来。那位母亲向我道谢后先回住处了。等他来到办公室后,我和那个在深秋仍穿着衣领上浸有汗渍的白色短袖而瑟瑟发抖的孩子进行了深入的交流。我直截了当地问他:"你的妈妈、爸爸,尤其是妹妹,为了你的学业所做的一切牺牲,难道你不应该思考人生、改变自我吗?"最后,我对他说如果有什么想法和要求,可以随时来找我。我曾看过反映中学生家长忍痛把"网瘾子女"送到专门学校强制戒除网瘾,帮他们回归正常生活的电视节目。刚刚进入这类学校的孩子们尝试挣脱、绝食,甚至自残。由此可见,网瘾与我们深恶痛绝的吸食毒品又是何等相似。

  来中心实习的另一个孩子让我又有了一些感慨。有几十名同学在工作室里制作实习创意作品,一位背包的肤色白皙的中年女性很显眼,她始终跟随在他们左右。我本以为她可能是辅导员,但仔细看看又觉得不像,

147

因为她始终紧跟在一个身高1.8米、同样肤白时尚的男孩身边。询问后得知,她原来就是那个男孩的妈妈。在整个制作过程中,男孩所有的制作工作几乎都被他的妈妈抢过去包办代替了。看到这里,我赶紧把这位妈妈叫过来,询问她为什么要这样做。原来,这对母子来自上海,家庭条件非常优越,而且这位妈妈还是一名公务员。但是,为了不离开自己的孩子,这位妈妈竟然选择放弃自己的事业陪孩子读完大学。可以说,那种"爱之深"和包办代替已经到了令人瞠目的地步。而从孩子的只言片语中,我能听得出来他的习惯性接受和不接受。接受是被动的,是一种习惯,是没有自我,但从他的表情也能看出他对妈妈的不屑和厌烦。我向这位母亲特别强调了实习的纪律和要求后,对她说:"今天你的爱让你的儿子习以为常,但是他的人生道路还很长,你能包办代替他生活中的一切吗?"

通过基因检测综合分析孩子的行为特征、行为方式及其他方面的特征,判断他们是否具有某些容易出现上瘾倾向的先天特质,再结合其受教育状况、社会交往等各方面因素,以寻找相对科学的解决方案。但是,网瘾的形成涉及心理学、社会学、行为学等学科领域,不是仅靠基因检测就能确定的,而且目前的现代基因技术并未达到可以根据先天基因确定后天表现的全面研究阶段。况且任何事物的矛盾根本不能由单一因素来决定,因此通过基因检测分析判定一个孩子是否具有执着、好动或者自闭等先天特质,只能作为判断是否易染网瘾的辅助手段。基因检测的主要内容:一是部分与遗传基因相关疾病的确诊;二是通过基因检测分析可以判断一个人是否易发某些疾病,即疾病的风险预测,从而提前做好预防;三是对孩子基因的解读,发现其行为特征和某些方面的能力,为家庭教育提供一定的帮助。基因检测包括对学习能力(如智商和情商)、艺术能力、运动能力等的检测,每种能力又包括特长、能力、素质等若干方面,如智商类的认知能力、语言能力、逻辑思维能力,情商类的性格类型倾向、成长激励和意志力等。

2016～2017学年度,我发现课后与我主动交流的同学越来越少。其中,一名女生在课间总是独自静静地坐在第三排的一个座位上。每次,我

都能从那忧郁的眼神中感觉到她的与众不同。在一次课后,我读懂了下课铃声响起后走散的人群中她欲走还留的迟疑,从此我们之间面对面的交流开始了。她告诉我,她出生于陕西农村,家里有哥哥和弟弟,高三复读一年后考到了这里。从她交来的用修正液涂改的近万字文章中,我看到了她在重重生活压力之下对生活的诚挚与热爱。她所生活的家庭里,有爸爸经常对妈妈的无理打骂,有哥哥疯狂地拿刀砍门的残暴,有奶奶与妈妈之间关于生活琐事的争吵。那种极不和谐的家庭氛围让弱小无助的她噩梦连连。无力阻止和改变的无奈让她变得越来越孤僻、胆小、懦弱、内向,学习成了她能独自享受的唯一快乐。到了初中,由于同桌男生的作文和彼此相似的经历,她第一次产生了女孩内心的一丝驿动。曾经的生活必然使这个无助的女孩希望抓住那种自己所追求的美好,那又是一种怎样的渴求和需要。在中学阶段,她都只有一个好朋友,因为性格使然,这的确不是每个人都能理解和体会的。过去的生活和感情上的挫折让她备尝痛苦,她慢慢地成了诊所的常客。在参加第一次高考时她头痛欲裂,只能靠吃药得到暂时的缓解。结果,她的高考成绩与本科分数线只差1分。在高三复读那年,她是快乐的,"复习的日子很好,同学之间平等友善。经过一年的努力,考到了安工大,超出一本线14分"。她向我讲述了自己过去灰色的生活,对自己多门功课不及格深感惭愧,更是感慨至今没有一个闺蜜好友的大学生活,至今还要靠吃药缓解头痛之苦。我帮助她分析造成眼前一切的原因,其实是她仍未走出成长的痛苦,在与心魔对抗的过程中必须敞开心扉,接纳自己,迎接新的生活。因为父母的爱才能在大学校园里独立学习和生活,虽有不堪回首的记忆,但新的生活就应该以崭新的姿态去面对,因为你已经长大,不能被动地等待生活发生改变,而要主动地寻找和创造自己的明天。只有理性地对待自己的过去,放开自己,才能创造自己想要的生活。主动寻找,或许唐突,或许缺少勇气,但只有这样才会有改变的希望和可能,而被动等待的只能是不变的纠结和自闭。从她的破涕为笑,能看得出我的话对她是有一定触动的。我还告诉她,长期的药物治疗只能起到一定的辅助作用,最关键、最有效的办法是

击溃心魔,放手追求自己的人生梦想,鼓足勇气去创造属于自己的明天。除了与她聊天之外,我给她介绍了几位师兄师姐,让她与他们多联系,希望她能得到朋友们更多的关心和帮助。晚课后回家的路上,我收到她发来的短信:"万老师,非常感谢您给予我的关心与帮助,让我看到了另一种生活。我很想去那些地方看看。我知道表白墙上的祝福是您发的,我会努力幸福的,谢谢您!"我在对她作业的点评中这样写道:"读完你用流畅的文字书写的心灵故事,我的内心始终无法平静。在与你不多的几次交谈中,我能感受到你内心的伤痛。过去的生活带给你的伤害是造成现状的主要原因,因为无力改变一切,所以你只能选择忍受,但那绝非一个女孩子所能承受的生活之重。经年的累积使你的生命中多了一层同龄人不该有的灰色。身处阴霾之中,偶然间你似乎获得了一种别样的温暖和希望,甚至生活的动力。虽然短暂的分离和晦涩不明可能让你失去唯一的情感寄托,但我真心地希望它不应是你人生中唯一的美好。疾风劲草终不求,只堪祝福为自己。用心铭记的或许不只是今天的痛苦,既然你已长大,走进了大学校园,这里必定有你未曾经历的美好。怀抱希望,让自己变得更加坚强,自我成长,是我对你美好的祝愿,因为你必须快乐,为了自己。"

建工学院的一名男生课后与我交流,他现在是大二下学期,因为辅导员和班级助理之间的矛盾,无意中被推选当了班长。我特地问到他平时与班里同学们的交往情况,包括他的学习成绩、大家对他是否信任等。谈到上任后在第一次班会课上的表现,他说自己讲了很长时间,但大部分同学基本没有任何反应和积极的交流。我帮他分析自身存在的问题,从与同学之间的交往看他有些过于自信,而且多门功课不及格也是造成其在班级里的威信和影响力大打折扣的原因,所以最根本的是一定要自身强大起来,克服缺点、弥补不足。另外,由于现在学校里的选课制,本班同学基本都是分散独立的,重新打造和提升班集体的凝聚力面临更多的挑战,因此在每一次集体活动,尤其是刚刚上任时需要多花些心思。有一个细节反映了他所在班级的一个很大的问题,他们班里的男女同学之间基本不说话,更谈不上沟通。他说,很多人都认为他们班是整个学院中较差的班级之一。我还了解到一个细节:他所在班级大学英语四级考试的通过率很高,目前只有六七名同学未能通过。这一点足以说明他所在的班级并非一无是处,虽然存在一个宿舍里4个人中有3个人整天打游戏的情况。他在大二时开始反思并决心改变,充分利用闲暇逼自己去图书馆读书,让自己的心静下来,而且下定决心考研。改变必须从自身做起,才能有说服力,因为大家都能看到你每一天的进步和最终的结果,尤其是作为一班之长。我还建议他,可以先从六七名同学的英语四级考试入手,通过与学习好的同学积极沟通,组建学习互助小组,给他们提供有效的辅导和帮助。在以后的班会中,作为班长,他应该事先做好策划和协调工作,凝聚团队的力量,再通过团队影响和带动更多的同学。其中,最重要的工作就是了解大家都在想什么、需要什么。一切都需要自己练好内功,同时又要会做外功。这无疑是他应该面对的挑战和自我锻炼的好机会。

在2017年第一学期"与大学生的心灵对话"课上,每次课前我都会提前来到教室,把下载的中央电视台《新闻调查》于2017年3月录制的两期节目《毕业了》及其他关于大学生成长的节目放给同学们看,并就此谈谈大家的认识和感受,尤其关注那些值得注意和思考的细节问题。结课时的最后两节课上,我让同学们围坐起来讨论,可以各抒己见。大家都谈到了自己的成长和困惑。最后一位同学的发言却让大家陷入了沉思。他说在考入安徽工业大学后自己迷茫了一段时间,大一时只是因为过去学习的惯性勉强获得了学校的三等奖学金;大二时通过自我反省才开始真正独立的学习,向着自己的考研目标努力奋斗。他说大家为什么已经身在校园还一味地怨天尤人,为什么不警醒和改变自己。没错,他说得很对,这就是问题的所在。我也看到了他的努力,每次课提前来到教室时他都已安静地坐在自己的座位上,或者奋笔疾书,或者凝神深思。还是那句话,你想什么、做什么,你才能改变什么。

社会如何选拔人才,可能仁者见仁、智者见智。毋庸置疑,绝对公平的选择是永远不会有的,公平只能是相对的。更重要的是无论你经历多

少磨难、有多少不同的经历,你至少还站在同龄人中没有被彻底抛弃,你所获得的不只是一张毕业证书,更是一个难得的展现自己才华的机会。

在2016~2017学年度的两个学期里,我制作了关于"与大学生的心灵对话""工程材料话今夕"两门课程的学生反馈意见调查表,并在上课时发给学生们填写,以搜集他们对课程的意见和建议,及时调整教学内容,丰富交流形式,改善并提高课堂教学效果和质量。

表1 关于学生对公选课"与大学生的心灵对话"的反馈意见调查

姓名	性别	年龄	班级	学号	电话	所在地区及毕业高中	爱好、特长
调查内容			期待您的真诚回答				备注
1. 您选修本课程的主要原因			1. 选课时间安排; 2. 对本课程的名称很感兴趣; 3. 自己感兴趣,希望有机会能与老师交流; 4. 听说这门课程不错,慕名而来; 5. 寻求解决心理等问题的办法; 6. 课程学起来轻松、容易得学分等; 7. 被老师吸引,喜欢听您的课等					
2. 您希望通过学习课程有哪些收获			1. 解决自己的迷茫和困惑; 2. 学会与人交往; 3. 解决内心的矛盾,认识自己和世界; 4. 对自己有更深的了解; 5. 希望自己的思想更成熟; 6. 长见识; 7. 放松心情,懂得道理; 8. 锻炼自己; 9. 变得积极向上等					希望对话内容较为轻松等

续表

姓名	性别	年龄	班级	学号	电话	所在地区及毕业高中	爱好、特长
调查内容	期待您的真诚回答						备注
3. 您是否愿意走上讲台,就课堂主题或话题进行讨论	1. 愿意占30%； 2. 不太愿意占30%； 3. 有话题时愿意占20%； 4. 不愿意(性格内向,不愿当众说话)占20%； 5. 愿意倾听占100%						
4. 您对课程及对话主题有哪些希望和建议	1. 贴近大学生活的实际,多讲人际交往、就业考研、人生目标等话题； 2. 轻松愉快的话题； 3. 多讲人生经历、社会经验等； 4. 关于老师本人的励志或幽默故事； 5. 多讲社会实践方面的问题等						
5. 您希望老师上课点名吗？为什么？上课时自己签到是否更好	1. 希望,因为现在的学生太随意,需要加强监督占30%； 2. 不希望,自己的事自己决定占30%； 3. 随便,没有其他事情肯定会来上课,因为课程吸引人； 4. 形式主义,浪费时间； 5. 随堂签名的办法好； 6. 有人代签等						
6. 您对老师的教学有什么建议或想法？老师很愿意倾听	1. 多谈现代大学生的想法,分析心理特征； 2. 现在老师讲得很好,有建议的话后面再提； 3. 多让学生参与对话交流； 4. 希望课堂氛围幽默轻松； 5. 有新意,很好了； 6. 多讲故事等						

续表

姓名	性别	年龄	班级	学号	电话	所在地区及毕业高中	爱好、特长

调查内容	期待您的真诚回答	备注
7. 您是否愿意参与课前、课后交流	1. 愿意占30%； 2. 看情况占20%； 3. 不愿意占30%； 4. 有问题和需要时愿意等占20%	

授课教师：　　　　**联系方式：**　　　　**邮箱：**

表2　关于学生对公选课"工程材料话今夕"的反馈意见调查

姓名	性别	年龄	班级	学号	电话	所在地区及毕业高中

调查内容	期待您的真诚回答	备注
1. 您选修本课的原因（如果您不是工程类专业学生，请更详细说明）	1. 选课学分需要； 2. 被课程名称吸引； 3. 非工科学生，增长见识； 4. 被老师吸引，想再上课； 5. 学长推荐； 6. 对材料知识和发展感兴趣等	
2. 您希望通过学习课程有哪些收获	学习新知识、增长见识、开阔视野等	
3. 您是否愿意走上讲台，就课堂主题或话题进行讨论	1. 愿意占30%； 2. 不太愿意占30%； 3. 有话题时愿意占20%； 4. 不愿意（内向，不愿当众说话），对有关知识不了解占20%； 5. 愿意倾听占100%	

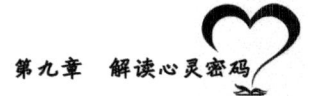

续表

姓名	性别	年龄	班级	学号	电话	所在地区及毕业高中
调查内容			期待您的真诚回答			备注
4. 您对课程主题、内容、讲授方法、节奏等方面有什么希望和建议？老师很愿意倾听			1. 多讲故事,播放内容丰富的教学视频; 2. 减少专业内容讲解; 3. 课堂上有互动等			
5. 您希望老师上课点名吗？为什么？自己签到是否更好			1. 希望,因为现在的学生太随意,需要加强监督占30%; 2. 不希望,自己的事自己决定占30%; 3. 随便,自己无所谓; 4. 没有其他必要的事会来上课,因为课程很吸引人; 5. 形式主义,浪费时间; 6. 随堂签名的方式好; 7. 自己签名、找人代签等			
6. 您是否愿意参与课前、课后的交流			1. 愿意占30%; 2. 看情况占20%; 3. 不愿意占30%; 4. 有问题和需要时愿意占20%等			

授课教师：   **联系方式：**   **邮箱：**

我通常利用课间和大量业余时间与各专业、各年级学生进行广泛细致的交流，深入了解他们在进入大学后遇到的学习、生活、情感、交流和思想等各种问题，结合未来他们可能面对的社会环境的要求，真心希望通过自己的努力能让更多迷茫的青年学子明确自己的目标和责任，找到努力的方向。

曾有一名学生在"工程材料话今夕"课上与大家交流，讲到自己在读

大二时应征参军。他虽然不是国防生,但从部队退伍回到学校继续上学后有了不同的思考和行动。他读大一时陷入10门功课不及格的窘境,后来通过自觉的反思和努力已经补考通过了8门,现在完全处于一种领悟后的觉醒状态。另一个同学也是退伍后回到校园,因为在部队时他已经习惯了每天清晨就要早操训练、整理内务、准时准点号令,但在回到学校后仍然坚持这样的习惯很难,感觉自己很难调整到室友们的那种状态。究竟是坚持自己,还是随波逐流,只有自己才能清楚、选择和把握。所有学生在考入大学前至少都坚持了12年,无论是主动还是被动。回想12年艰辛的求学路上,有谁敢早上不去学校上课,敢迟到、早退或旷课,但是让人无法理解的是,为什么12年里养成的作息习惯没有真正融入自己的大学生活。相互对比之后我们发现,因为每个人的心里都有一本账,都有自己的衡量和选择。

二、当心掉进心灵的陷阱

大学生正处于三观发展的成熟期,但他们的生理和心理日益成熟与适应社会时的不成熟之间的矛盾,使社会的变化在他们心中掀起了波澜。他们可能表面上显得平静淡定,但内心迷茫不安,不知如何做好前期准备以尽快适应社会需求,从而奠定生存和发展的基础。同时,由于要直接面对现实社会及未知的各种挑战,他们的心理压力非常沉重,由此产生的各种心理问题日益突出。许多高校也意识到这些问题,相应采取了一些对策,如开设心理健康教育课程和心理健康辅导机构。

为使大学生更好地适应当前现代化建设发展的需要,高校必须结合学生们的实际情况进行有针对性的心理健康教育和引导。随着科学技术的飞速发展,国际竞争日趋激烈,我们要实现中华民族的伟大复兴,就必须努力培养与现代化要求相适应的数以亿计的高素质劳动者和专门人才。其中,良好的心理素质是全面素质教育培养中的重要组成部分,是人才素质培养中的一项十分重要的内容。

而作为个体成长中至关重要的心理健康教育，教育原则是首要问题。教育原则是指教育者在进行心理健康教育的过程中，要根据具体情况，进行积极中肯的分析，始终注意培养学生积极进取的精神，帮助学生树立正确的人生观、价值观和世界观。"健康"一词，按照传统的观念和习惯的看法多限于生理健康，主要是指躯体发育良好，生理功能正常，而很少考虑心理方面的健康。健康这一概念的基本内涵应包括生理健康、心理健康和社会适应良好三个方面，表现为个体在生理和心理上的一种良好的机能状态，亦即生理和心理上没有缺陷和疾病，能充分发挥心理对机体和环境因素的调节功能，保持与环境相适应的、良好的效能状态和动态的相对平衡状态。1946年世界卫生组织（WHO）成立时就对"健康"的含义做了科学的界定："健康乃是一种在身体上、心理上和社会适应方面的完好状态，而不仅仅是没有疾病和虚弱的状态。"心理健康是相对于生理健康而言的。心理健康也称"心理卫生"，其含义主要包括两个方面。一是指心理健康的状态，即没有心理疾病，心理功能良好，也就是说，能以正常稳定的心理状态和积极有效的心理活动，面对现实的、发展变化着的自然环境、社会环境和自身内在的心理环境，具有良好的调控能力和适应能力，保持切实有效的功能状态。二是指维护心理的健康状态，亦即有目的、有意识和积极自觉地按照个体不同年龄阶段身心发展的规律和特点，遵循相应的原则，有针对性地采取各种有效的方法和措施，营造良好的家庭环境、学校环境和社会环境，通过各种形式的宣传、教育和训练，以求预防心理疾病，提高心理素质，维护和促进心理活动的这种良好的功能状态。这两个方面即构成了心理健康这一概念的基本内涵。

目前中国学生普遍存在的一个主要的心理问题，就是面对挫折的教育。每个人在一生中必然都会面对成功与失败，然而忽视面对挫折的教育是现代中国家庭教育和学校教育中的大问题。父母面对挫折时的那种努力和执着，孩子们能直接感受到的太少太少，但每个人在成长中都可能遇到挫折和不如意。当前中国家庭中大部分都是独生子女，他们没有相伴成长的兄弟姐妹，身边缺少可以随时交流的同龄人。对这些独生子女

来说,他们身边能给自己面对挫折时提供榜样和帮助的人太少,这就为他们的成长埋下了隐患。"温室教育"不可避免地成为这一代人的无奈选择。

当今社会的孩子多生活在"温室"里,受到众星捧月般的呵护,在生活中不能吃一点苦、受一点委屈。家长们在物质方面尽一切所能地给孩子提供优越的条件,但是常常忽视了意志品质的教育和心理素质的培养,从而导致孩子的心理承受能力较差,无法正确面对挫折和失败。如何正确地面对挫折,培养学生们坚强的意志力,让他们用自己的力量战胜成长中的一切风雨,直至成为真正的强者,是需要每位教育工作者思考和解决的问题。

下面就帮助学生树立正确的挫折观和必须树立正确的挫折观进行探讨。正确的人生观应体现在积极的人生态度上。这种积极性表现为直面人生、正视挫折、勇往直前、追求真理、有所作为等。改革开放以来,中国社会飞速发展,这要求我们必须走出自我的小圈子,有意识地参与社会的各种竞争。因此,家庭的教育、学校的教育,特别是在学生意志品质形成的过程中,注重对其积极人生态度的培养和引导,指导他们正视挫折并以积极的态度去面对,不必逃避,懂得在现实生活中不遭遇挫折是不可能的,关键是要有面对挫折的正确态度。

很多没有朋友的孩子常常会这样想:"没有人愿意跟我玩,我也不跟你们玩!"从儿童心理的角度看,这是一种"报复"的想法,更是一种"自甘失败"的做法。如果不经历成功或失败,那么他们未来不可能练就一颗强大的心,在成长的道路上会遭遇更多的失败和痛苦。他们排斥不主动和自己玩的朋友,将他们视为"敌人",并以"我也不和你玩"来安慰自己。相反,这种做法实际上表达了孩子渴望朋友、渴望友谊的心理。当发现孩子有这种表现时,家长们不可坐视不理,因为小孩子遇到这种挫折还不能独自解决,需要家长的引导和帮助。如果孩子的交往能力较差,那么家长应鼓励他们融入集体、体谅他人、宽容伙伴,以积极的心态面对朋友,告诉他们如能和朋友以诚相待,主动帮助他人,也一定会得到朋友的关怀和

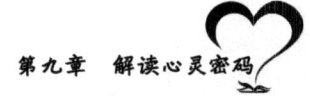

友谊。

　　学会宽容他人。相对来说，学校也是一个小型社会，但对学生们来说是一个"大的社会"。大家在一起免不了会有误会或摩擦的时候，受到冤枉或者委屈也会经常发生。谁受到委屈后都一定会难过，并不是自己的错却被人误解，或许大人在心里也会感到不平衡，很想为孩子出面解决，不想吃亏。然而这样做后的结果往往适得其反。其实，有很多事情是不能简单地用对或错来判断的。这时家长就需要客观冷静地帮助孩子理清事情的原因、经过和结果，找出根本原因所在，并尽可能地站在对方的角度考虑问题。在孩子充分理解并原谅对方后，家长要给予孩子充分的肯定，鼓励他们以后如果再遇到类似的情况要学会自己分析处理，告诉他们人无完人，谁都会有疏忽犯错的时候，宽容谅解是人与人之间和睦相处的最有效、最简单的方法。

　　一般来说，抗挫折能力强的家长，孩子的抗挫折能力也相对强一些。如果家长在遇到困难或挫折时萎靡不振、灰心失望，那么孩子看到后也会受到一定影响。久而久之孩子将来也会变成即使没遇到任何困难也总会自叹自怜，一旦真正遇到挫折，就很难承受压力了。积极乐观的家长带给孩子的宝贵财富就是那种对待事物的乐观心态。在成长的道路上，每个人都不可能是一帆风顺的，成功往往是与艰难困苦、坎坷挫折相伴而来，没有挫折的教育不是完整的教育，只有在挫折中获得的感悟才能体会深刻。正如印度诗人泰戈尔所说："只有经历地狱般的磨炼，才能炼出创造天堂的力量；只有流过血的手指，才能弹出世间的绝唱。"孩子是否坚强，从根本上说取决于其父母是否真正坚强。

　　教育就是运用正确的方法，有意识地利用或者创设一定情境，让孩子能够在成长的过程中积累一些面对挫折的体验，培养孩子的坚强意志，提高他们对环境的适应能力和对挫折的承受能力。以前孩子们在缺少鼓励的环境里成长，导致他们缺少应有的自信。在认识到赞赏对孩子成长的重要性后，我们的孩子又整日被"我能行""我最棒"这种赞美的话语包围着，认为自己无所不能，没人比自己更棒。其实，过度的自信又变成了

自负。

如果孩子不经历生活中的一些挫折，那么以后可能遇到的挫折将使他们不堪一击。但是同时，家长们也担心一个问题，即挫折教育是否会挫伤孩子们的自信心，对他们产生负面影响。通常，我们把智力发育很好、学习轻松且效果又好的孩子称作"聪明"或者"智商高"，还把"众星捧月"的成功人士称为"绝顶聪明"。但是要知道，所谓"调皮"的孩子，往往其性格培养却更加真实而全面。或许他们小时候会让父母、老师费心更多，但他们思维活跃，交流轻松，更容易获得大家的认可。我们不能忽视一个重要的因素——情商，以及培养孩子情商的摇篮——家庭。家庭是孩子接触最早的环境。面对"万千宠爱在一身"的独生子女，作为家长，该如何有意识地去培养孩子的情商呢？告诉孩子："你真棒！"但是，要讲清楚"你为什么棒""怎么棒""怎样还能更棒"，这就更需要父母的智慧和能力了。年轻父母"望子成龙""望女成凤"的心情都可以理解，但是很多家长都会不自觉地以成人的眼光去要求孩子、挑剔孩子，久而久之他们会变得做事犹豫畏缩、缺少自信。其实，他们更需要家长们多一点细心与耐心的引导，多一点鼓励和赞扬，他们的潜能是无限的。

人手的灵活程度影响着智力的发展水平，在人类进化史中正是双手的劳动提高了手的灵巧度，促进了人的大脑发育。如果孩子从小就"衣来伸手，饭来张口"，不但影响其智力的发展，而且会影响非智力因素的发展。劳动是促进孩子良好性格形成的一条重要途径。家长不必过度担心孩子参加劳动，要鼓励他们自立自强，尽早学会自理。劳动将促进孩子健全人格的形成，使其受益终生。

如今的父母对子女过分溺爱，认为孩子年龄小，心理承受能力差，只能接受舒适的环境，便总是想方设法在其成长过程中排除一切困难，使其顺利成长，导致孩子在成长过程中缺少磨炼。这是造成青少年抗挫能力差、遇到挫折输不起的直接原因。如果孩子在幼年时接受一些积极的挫折教育，就能自己处理受挫后的不良情绪，较好地调整自己的心态以迎接更多更大的挑战；如果孩子在幼年时缺少积极的挫折教育，以后一旦遇到

高考落榜、招工无名等挫折时就会出现"人生危机"。要教会他们在失败中总结经验教训,才能学会应对以后的挫折和失败,这才是挫折教育的意义所在。

真正疼爱自己孩子的父母应该关注孩子将来能否适应这个纷繁复杂的世界。如果家长将一个毫无生存能力的人推向未来的社会,那是对孩子极大的残忍和不负责任。虽然人生之路需要孩子自己去走,但是父母应起到必要的督促作用。作为第一任老师,父母在孩子的一生中具有举足轻重的作用,不能忽视生活中的细节,不要小看日常小事,处理得当都能使好的行为习惯和良好的情商与之相伴一生。人生不如意之事十之八九,只有意志坚强者,才能披荆斩棘,战胜千难万险,到达胜利的彼岸。那么,家长应该怎样让受挫的孩子振作起来、重拾信心呢?当在学习上遇到困难的时候,父母除了鼓励孩子更努力地学习和为人处世外,还要帮助他们找到好的学习方法、提高学习效率、振奋学习精神。只有父母充满希望和信心,孩子才能重树信心。教育孩子的时候,其实也是检验家长的时刻。有些父母看着自己的孩子特长没有、考试受挫、升学无望,常会感觉脸上无光、心灰意冷,甚至怒从心头起,对孩子大声训斥、拳脚相加,使其本已受挫的心灵再次遭受沉重的打击。家长们应该选择正确的做法:第一,因为自己最了解孩子,要对他们充满信心,相信他们能总结经验教训、重树信心;第二,给予更多的帮助和引导,不要过多责备,更不能自暴自弃,要鼓励他们勇敢地面对现实,发奋努力,战胜挫折;第三,帮助他们正确评价自己,把挫折当作磨砺自己的试金石,在战胜挫折和困难的过程中长知识、增才干,逐渐成为生活强者。生活中这样的事例很多,父母应该在这时多引导孩子,重树必胜的信心。

其实,孩子和成人一样,在生活中经常会遇到这样或那样的挫折和烦恼,如果父母能及时帮助、恰当引导,就能激发孩子产生抗挫的精神,使其战胜挫折和苦恼。挫折教育很像家长烧制的一道菜肴,如果主料、配菜和调料都选择恰当、分量适宜,那么孩子能吃得开心又健康。正确适度的挫折教育,既能培养孩子健康积极的人格,又能让他们体会到战胜困难和挫

折的喜悦,从而树立自信心。

近年来,许多学者对大学生的心理健康状况进行的研究表明,大学生的心理健康水平要远远低于同年龄阶段的其他群体。从总体上看,有20%~30%的大学生存在不同程度的心理问题。其中,有较严重心理障碍的大学生约占总体的10%。面对眼前的现实,高校必须根据学生们的不同心理问题采取有效的对策和措施。

大学生的心理问题在学习上的具体体现有无法集中注意力、精神涣散、厌倦学习、莫名其妙的不安和焦虑等。从深层原因分析来看,这些问题与不完善的性格、心理有关,是亟待教育工作者解决的。面对这个压力重重的社会大环境,对于大学生这样一个重要的社会群体,高校教育工作者有责任了解他们所面临的各种压力,指导和帮助他们克服紧张、茫然和惶惑,以及不健康心理带来的不利影响,使他们的身心健康发展,这样才能实现大学生人格的真正健全和健康的终极目标。当然,这样的使命和终极目标不该由高校教育独自承担,个人的成长本就是一个科学连续的综合过程。

从大学生的心理、在校生活和学习的内容和过程来看,据抽样调查显示,当代大学生的心理压力与以下几个方面有关:

一是学习强度与休闲娱乐的时间比值越大,学生越容易产生心理疲劳。换句话说,就是学习强度要适中,而不能一味地抓紧一切时间去学习,应该劳逸结合,才是身心健康发展之道。

二是意志力与睡眠质量、心理疲劳程度成反比。意志力越强的人在心理上越不容易产生疲劳,睡眠质量也不高。

三是休闲娱乐方式。休闲娱乐的方式有很多,如听音乐、跳舞、读书、逛街购物等。然而调查显示,大学生最好的减轻心理疲劳的方式为体育锻炼。在此基础上,大学生还可以适当参加社会实践活动,体验即将面对的挑战,不能不说这是该有的人生积累。

四是性格。大学生在性格定型期,要有意识地塑造自己的社交型、进取型性格。这有益于消除疲劳,为将来的学习和工作奠定良好的基础。

五是需要层次。如果学生们能以高需求层次作为目标,就会产生强大的学习内驱力,在学习时就不容易产生心理疲劳了。

知识经济时代对现代人的心理素质提出更高的挑战,如学习观念与策略的挑战、大脑潜能与智能的挑战。高校加强和改进大学生的心理素质教育,迎接知识经济,可遵循四条新思路,即内化现代理性观念、深化社会实践活动、强化校园文化建设、优化心智潜能开发。

近年来,心理问题造成的大学生行为偏差的个案不断增多。心理学家和教育工作者在接受记者采访时指出:目前中国大学生存在的心理问题呈现不断增多的趋势,许多诱因导致大学生成为心理弱势群体,社会各界必须从认识和行动上充分重视这一问题,帮助"天之骄子"们远离"郁闷",重新拥有阳光般明媚的健康心态。

"天之骄子"缘何成为心理弱势群体?甘肃省青少年教育研究中心的几次心理健康调查表明,西北地区大学生的精神行为阳性检出率约为16%,心理处于不健康或亚健康状态的学生约占50%。大学生的精神问题主要表现在自闭、抑郁、焦虑、偏执、强迫、精神分裂等方面,其诱因主要有以下几点:学习与生活的长期压抑过后,进入大学人际相处的高峰阶段,环境转换带来的心理适应容易脆弱而失衡;缺失先期心理的均衡和完善的教育过程和方法,积累浅薄,极度缺乏独立的处理过问题和成败的成长过程;为家庭为社会的全面理解所忽略,而丧失本应该自己解决人与人交往问题的实践。所谓积重难返,不但对事物的发展,更是对人的健康成长需要科学的理解和行动。大部分大学生都曾感受到学习的压力,但如果不学会释放压力,精神就会长期处于高度紧张的状态,极有可能导致强迫、焦虑,甚至精神分裂等心理疾病,最终的结果往往会让社会嗟叹的同时,也对社会的科学性、前瞻性研究提出挑战。

目前,中国高校在校生中约有20%是贫困生,而其中5%～7%是特困生。调查表明,70%以上的贫困生认为自己承受着巨大的学习、生活压力,这些压力给他们造成了较大的心理困扰,而贫困生们并不知道该如何去化解情感困惑和危机。大学生能否正确认识与处理情感方面的问题,已

直接影响他们的心理健康。大量个案表明,大学生因恋爱造成的情感危机,是诱发大学生心理问题的重要因素,有些人因此而走向极端,甚至造成无法挽回的悲剧。独生子女群体已成为当前大学生的主体,对他们教育不当而造成的后遗症是导致大学生心理问题频发的又一诱因。专家指出,任性、自私、不善交际、缺乏集体合作精神等不良习性,不但诱发大学生出现心理疾病,而且会使他们产生暴力倾向和行为。角色转换与适应障碍频频出现在大一新生中,这种不适应如果得不到及时调整,便会产生失落、自卑、焦虑、抑郁等心理问题,有的学生还会因长期不适应而只能选择退学。交际困难造成心理压力,"风声雨声读书声,我不吱声;家事国事天下事,关我何事""宿舍里面不吭气,互联网上诉衷肠",这些顺口溜实际上反映了相当一部分学生的交际状况。现代大学生的交际困难主要表现为不会独立生活,不知道如何与人沟通,不懂交往的技巧与原则。有的学生有自闭倾向,不愿与人交往;有的同学为交际而交际,不惜牺牲原则随波逐流。家庭及外界环境的不利影响也会成为诱发大学生心理问题的因素,如不当的家教方式、单亲家庭环境、学校环境的负面影响、消费上的浪费攀比、对贫困生的歧视、学习节奏过于紧张等。由于社会竞争的加剧、就业市场的不景气,大学生找工作或找比较理想的工作越来越困难。这对大学里许多高年级学生造成很大的精神和心理压力,使他们因焦虑、自卑而失去安全感,许多心理问题也随之产生。

兰州大学学生处曾对学生的思想、心理健康状况进行测试分析,结果表明:想轻生的有24人,占1%以上;学生人格问卷(UPI)总分大于或等于25(说明有较严重的心理问题)的多达30人,占1.57%;对"至今你觉得自己在心理健康方面有问题吗"做出肯定选择的有218人,占11.9%。

一是个人原因:影响大学生心理健康的内因分析。个人原因对大学生心理健康问题的影响,是影响大学生心理健康问题的主要原因。其表现形式很多,但归结起来主要包括生理和心理两个方面。当前,很多大学生由于自身的原因,普遍自我感觉不是很好,必然造成心理健康问题频频发生。一些大学生个体差异比较突出,自我意识比较强烈,对待困难和问题存在一定的片面性,有一定的偏差。一些学生比较在乎别人的评价,哪怕是别人不经意的一句话也比较在意,都会产生强烈的反应,情绪波动很大。一些学生自身思想意识淡薄,心理承受能力比较弱,环境适应能力较差,即使遇到一点困难也会垂头丧气。现在的大学生所处的环境比较优越,在家里一般都有着比较特殊的地位,导致他们的感情比较脆弱和个性张扬,也很少面对困难、挫折和失败的考验,受到批评时反应比较强烈,人际关系容易出现紧张状况,甚至很多学生受到挫折以后往往会出现悲观失望、垂头丧气及自暴自弃等现象,在心理上往往难以承受。还有的学生由于自身存在着严重的人格等缺陷,行为消极,心情压抑,总是感觉生活没有意义,严重时会出现自杀或者伤人等极端行为。此外,生理发育状况、自身疾病及生理方面的缺陷等,对大学生心理健康的影响也比较大。其主要表现为一些学生身体上有缺陷,学习、做事、走路时总是低着头,不敢正视别人的眼睛;而有的则个子比较矮小或者体态肥胖等,比较容易产生自卑心理。由于大学生正处于性心理基本成熟的时期,青春期的性困惑也是造成其心理健康问题的重要影响因素。愿意接近异性是很多学生普遍面临的问题。但是,由于大学生的理解能力相差很大,社会阅历不够丰富,因而容易遇到困惑,以致在情感方面难以自拔。

  二是环境原因:影响大学生心理健康的外因分析。家庭、学校和社会等环境因素是造成大学生心理健康问题的外在原因。当前,很多大学生的家庭环境比较优越,家庭状况、父母的态度及教育方式方法早已在他们身上留下了深深的烙印。由于很多家庭都过分强调孩子的学业,对他们的关爱及尊重比较少,对其日常行为和品德教育相对比较宽松,必然造成他们的心理素质不高,承受压力的健全心理的反应比较应激。而家庭不够和睦、父母离异等因素会使他们产生自卑心理,常常出现痛苦、逆反、嫉妒等不良心理问题。在学校方面,由于受到传统应试教育的影响,学校重视智育而放松了德育,不重视思想教育,而且轻视心理健康教育。目前,很多高校在大学生心理健康教育方面依然侧重于整体教育,针对大学生个体差异进行的个性化教育远远不能满足形势发展的需要。有相当一部

分高校没有专门的心理健康咨询组织和管理人员,导致大学生的心理健康问题得不到及时解决,当然能否真正让大学生愿意向心理健康教育的个人和集体主动求助,值得深思和研究。加上高校的心理健康教育工作的方式、方法比较落后,过多的知识性的、理论性的草率结论,忽略交互的心理交流和疏导的教师结构,已经不能很好地适应新形势下大学生心理健康教育的需要,不能很好地针对大学生不同个体的心理健康问题进行指导和帮助。而教师的感悟和自我积累、交流能力和方式、解决问题的方式方法、整个交流过程和效果的完整跟踪等,都为心理问题的成功疏导提供了条件。此外,来自社会各方面的诸多压力是大学生心理健康问题产生的重要原因,使得一些大学生经常感到比较疑惑与茫然,心理健康问题在所难免。

生活中的许多现实案例,从马加爵到药家鑫,都能看出一个无可辩驳的事实:人的性格源于生命中点点滴滴的积累,而人性的弱点恰恰会在未知时刻从心底迸发出来,不只是因为意识的习惯,更是因为潜意识"卷壳"的心理特征激发的行为爆发。蜗牛卷壳是因为受到外部的刺激,为了保护自己,人的"卷壳"则是受到外部事物刺激的应对本能。

缓解内心压力的欲求人人都有,但其实非常不简单,就像自身有一个盛放不快的"容器",它的容积有限,而你自己没有开挖疏通管道的设想、方法和能力,又缺少外部的帮助,那么"容器"必将无法承受太多不快和郁闷的盛装,水满则溢,月盈则亏,悲剧的发生就毫不奇怪了。

要解决大学生心理健康这样一个日积月累的问题,难度之大就在于心理健康教育的不连续和不作为。站在人生的重要关口,对即将迎接社会挑战的大学生而言,课程教学之外的人格、情感的教育就显得任重道远。内心感念是社会带给每个人的内在变化,使我们更应关注在中国的大环境下个性的健康发展。主动放开自己,实现与他人发自内心的交流。拨动心弦,才是可以实现真正交流的开始。而心理健康教育,甚至是一对一的心理疏导,才是改变人性弱点的真正开始。在现实中,我发现越来越多的以一本分数线被录取的学生在上课时表现得萎靡不振,有不少同学是不愿苟同的。在课后他们与我私下交流时说，在这样的氛围中感到压抑，曾经的激情慢慢地换来的是众人远离的沮丧。不敢倾吐自己内心的真实感受，成为越来越多大学生的心灵之痛。环境、同学、父母、朋友的不认同带来的内心压抑，逐渐使自己丧失了激情。站在趋同的"大众"对面的代价，可能是众人的背弃。这不是每个人都可以承受的。大学生心理问题产生的根源是什么？

对这个问题的分析，先来说说大学课程学习的压力。这个问题因人而异，完成学业任务对所有大学生而言不应该是大问题，如果有更高的自我要求，那么压力一定来源于对未来的预期。除了学习的压力，生活的压力、情感方面的问题、角色转换与适应障碍、交际困难造成的心理压力和就业压力等，这些都是大学生所面临的主要问题。大学生如果没有主动学习的意识和态度，不去主动寻找有意义的学习、科研竞赛项目等，就必将成为无学习目标、更无努力方向的迷茫者。主动寻找、学会做事是调整大学生的迷茫心理和行为的一剂良药。只有在心中树立了自己的目标，才能真正付出努力，才有努力奋进的过程，也才能获得自己想要的结果。

大学生的压力同样有内因和外因，外因无非是家庭环境和自己的成长经历，而内因则是成人外表下的真实个性。家庭贫困的学生性格内向的情况居多。他们常常不知疲倦地学习、打工，通过勤奋学习排遣心中的不平，充实自己，只有这样才能改变自己的命运，才能改变下一代的未来。而在默默的辛勤积累中，他们给自己施加了过大的压力。而家庭条件相对较好的学生，其学习的耐心和决心往往逊于前者，改变自身命运的主动性也逊于前者。

从高中毕业进入大学学习，还有一个问题每个人都无法回避。他们从原来不必操心任何事的温馨家庭中出外求学，面对陌生的环境，不是谁都可以迅速适应的。四年的大学生活，与中学时代基本只和同一座城市、同一所学校、同一个班级的同学交往，是有很大不同的。由于生活、学习和作息习惯等的不同，即使同一个寝室的同学之间也会出现关系不够和谐，

甚至相互抵触的情况。在多数高校学生中，因室友之间的矛盾而引发的争执越来越多。在我教过的学生中有不少这样的例子。

几年前的一天，学生们在金工实习中心进行锻造实习。因为天气异常炎热，再加上手工锻造产生的滚滚热浪，有些同学脱去了工作服，只穿着汗衫挥汗如雨。在一次大锤重击后，一个学生被几名同学簇拥着来到我的办公室。他站在我面前，笑嘻嘻地把上衣掀起来说："老师，您看。"我看见他的胸部有一个很小的孔正往外渗出血珠儿。我忙问他："怎么造成的？"正说着，他的脸色由绯红很快地变为灰黄。了解到是因为在锻打过程中钢屑飞溅起来弄伤的，我马上安排两名同学把他送到校医院。他的班长非常关心他的身体状况，不断地打电话联系他身边的同学。我抓紧去办公室找到主任说明学生的具体情况，准备立刻前往校医院。正在下楼梯时，他的班长面色慌张地跑上来对我说："万老师，校医院说他们处理不了，让我们抓紧去大医院看。"我立即向主任汇报了最新情况，带着3名学生直奔医院。到了市人民医院，我和学生们跑上跑下，挂号、缴费、找大夫，然后直奔外科手术室。其实，在集体生活中矛盾是不可避免的。解决的关键就在于能否为他人着想，换位思考。说起来只是简单的几个字，但对现在的孩子来说能够真正做到并不容易。利益之争可能不是大和小的问题，但是能有相互理解的心和行动一定是成熟的。和谐相处，殊为不易。

我还教过一个学生。别人大学读4年，他多读了两年，留级已达到了极限，成为曾经同班同学茶余饭后的笑柄，更为现在的同班同学所不齿。成为别人的笑料本会让自己深感愧疚，如果还有些许自尊，知耻而后勇，倒也不必自卑自怜，但如果不以为耻反而泰然处之，那就是自甘堕落、自毁人生。我曾和他交流过。他的父母创立了自己的公司，整日事务繁忙、殚精竭虑，无暇顾及他的学习。他们对自己的生活需求倒是有求必应。班里其他学生每月的生活费一般不会超过2000元，而他的父母每月给他的零花钱就有五六千元，还不算其他方面的消费。几乎所有时尚用品，他都购置齐备，最终玩而弃之。为了广交朋友，他经常请客吃饭、外出娱乐，

但这样做并没有让他找到真正的朋友。苦闷过后,他又在校外租住,广交女友,排遣内心的孤寂。那种空虚和苦闷只有他自己才能体会。

还有一个来自农村的家境贫寒的同学,在本该努力奋斗的时候迷失了自我,去追求所谓"爱情",而不考虑自己的实际情况。为了博得女朋友的欢心,他不顾父母的承受能力,疯狂地编织着各种谎言到处借钱。所有认识和算是认识的同学都被他借遍了。同学之间原本的情谊最终变成了鄙视和远离。他不顾家里的经济条件和父母的艰辛,假期为了陪女朋友回家,竟然到处向同学借钱买机票,"潇洒"地飞到了女朋友的家,最终却是分手和退学的结局。如果他自己不能幡然醒悟,那么以后必将为社会所抛弃。

情感方面的问题、角色转换与适应障碍、交际困难等都与人和人之间的交流相关,处理好学生角色的转换和适应问题将为以后走上社会打下良好的基础。我们首先要学会放开自己,不逢迎也不苟同,平等主动地与人交往,坚守真诚,树立信心,自由选择,不断总结与不同的人和事交往的方法和技巧,与他人和谐相处,多为别人着想。如果你无法真正放开自己,就无法在人际交往中获得成功,需要好好审视自己的所作所为,是否符合自己认定的目标,是否能被他人接受。很少有人会主动安慰和帮助别人。如果你不主动说出来,那么更不会有人考虑你的感受。你就是自己的主人,放开自己不只是一种勇气,更是真正的自我救赎和适应变化,而且只有自己才能救自己。自信从来都是建立在点滴的进步和成功的积累之上的。现在的很多年轻人总是为世俗所牵累、为俗事所羁绊,不知自己的信念何在,可以一天做很多事,却没有一件事会有结果。做好一件事比同时盲目地做十件事却一件都没做好要有意义得多。支撑人生的一定是信念,为自己的信念付出努力。坚定信念的人才不枉活一生,现在可能只是为自己,但将来就可能是为家庭、父母、子女、社会、国家。

丧失学习目标,甚至生活目标,是很多大学生存在的现实问题。前者就像一个人被抽走了筋骨,而后者就像一个人丢失了灵魂。千万不要简单地认为,学习知识只是学生的任务和职责,我们每个人同样需要不断地

学习和修炼。如果一个人失去了学习求知的筋骨,甚至崇高的灵魂,那么他的人生将是一场悲剧,甚至是整个社会的悲剧。在任何时候,人格的塑造不仅对年轻人,而且对所有人来说,都是一生的目标。

第十章　让机会垂青于你

导言：从迈进大学的第一天起，我们就要告诉自己必须学会选择，因为需要我们独自面对的选择有太多太多。

就业是每个大学生在即将完成学业后都会面临的大问题，也是每个人成为一个独立的社会人的重要关口。在他们面对人生的重要选择时，学校和教师必须给他们以必要的帮助和指导。多数高校都有大学生就业指导机构，他们会做很多方面的工作，但是要想真正对毕业生的就业有所帮助，就需要设身处地地为他们做更加细致的指导。

一、早做规划，赢得先机

刚考入大学后，绝大多数学生都会有一个正常的过渡期。他们往往都会忙于寻找，通过寻找喜爱的朋友、老乡、社团组织和活动等，让自己尽快了解和熟悉周围的人和事，更好地融入新环境。通过一个学期的寻找，同学们就像游离在外的电子，总能找到质子，最终变成较为稳定的原子。真正融入新的环境后，他们需要规划未来，学会安排自己的学习、生活和情感等，给自己定下职业目标。

在跟许多招聘企业深入沟通后，我总结了一些对同学们有益的经验。无论你们的人生目标是什么，我都希望大家在圆满完成学业的前提下做好三个方面的准备和积累。一是学习成绩。如果因为你们不够努力造成一些科目考核不合格，那么学习的节奏一旦被打乱，必将严重影响后面的学习和生活。虽然如今大学里的学科考核制度发生了很大变化，对学生们来说还是比较容易毕业的，但几乎所有招聘企业一定更愿意从学习成

绩好的毕业生中挑选人才为企业所用,这一点是毋庸置疑的。除了优异的学业成绩之外,如果你们还能获得各级奖学金,那么这些荣誉无疑可以增加自己的就业信心,也能比其他同学更容易获得招聘单位的青睐。二是要积极主动参加科研竞赛和社团活动。在学习的前三年里,如果你们能主动寻找合适的机会,参加各级各类科研竞赛,并在竞赛中取得一定的成绩和奖励,不但能提高自己的科研实践能力,而且可以通过这样的机会锻炼自己、结识更多的朋友,同时增强团队意识和分工合作的能力。另外,如果你们能积极主动参加学生会、团委、班级、社团等组织的丰富活动,并承担一定的职责和任务,那么你们被招聘单位录用的机会无疑也会更多一些,如能有相应的证明会更有说服力。三是社会实践。高职院校的学生中有打工经历的人很多。在马鞍山职业技术学院里,70%~80%的学生都有打工经历,女生可以做导购员、广告员、售货员、收银员和生产线装配员等,男生去做装货工、售货员、广告员、生产线装配员,甚至建筑工地上的小工等。随着高招制度的调整,现在的高职院校学生已经从2014年开始规定的必须参加高考,再根据高考分数相应招录,变成参加高考和各高职院校直接到高中自主招生两种形式并存。大学生群体在真正意义上不断出现分层的趋势已经成为现实。对工作经历的要求是招聘单位选择人才的重要条件之一,所以每个大学生都应该明确。对工作经历和经验的要求,对很多大学生来说确实有些勉为其难,然而这是招聘单位根据现实的要求,结合企业中工作岗位的基本要求的必然选择。大部分企业都不愿意花大量时间和金钱去培训没有任何工作经验的新员工,而是希望录用的人才能召之即来、来之能战,最大限度地为企业创造一定的经济效益。任何企业都有自己的定位和要求,无法通过企业的试用期而被留在岗位上的人几乎没有。每个毕业生都要有意识地抓住锻炼自己的机会,积累更多有价值的工作经验。如果你们缺少这种有价值的工作经验的积累,那么拿着并不显眼且杂乱的工作经历材料,又有哪家企业会认为这样的经历是有价值的。我们只有在横向上与同学对比,在纵向上与自己的过去对比,才能更清楚客观地评估自己到底有什么、能做什么、能做好什么。据统计,每年有30%左右的大学毕业生会选择继续攻读硕士学位,这也是一种比较明智的选择,但是不管你们的学历有多高,最终都将接受社会的考验。对女生而言,如果读完硕士后基本已经25岁,博士毕业后就将近28岁了。做出这种选择的女生一般都会在上学期间谈恋爱,寻找自己的人生伴侣,占据一个人生的相对高点,因为对她们来说时间成本太高了。对男生而言,在本科毕业后工作2~3年,他们有了自己的感悟和积累,再选择攻读学位,无疑也是一种不错的选择。有的人会想,要工作,要恋爱,还要求学,岂不是太忙吗?然而当通过努力获得积累和提升,站到一定的人生高度时,你们一定会说曾经的努力付出很值得。没有过程,怎么会有结果;不经磨砺,怎么会有收获成功的快乐和满足。

2017年11月的一个消息在我们的校园里不胫而走。《中国科学报》《皖江晚报》《马鞍山日报》等媒体以"'跨界'开发'暖寻——专业在线失物招领平台',安工大小伙伴获阿里巴巴21万元奖励"为题,报道了在刚刚结束的2017年阿里云栖大会上,由安徽工业大学机械学院的4名学生开发的"暖寻——专业在线失物招领平台"软件程序,凭借优良的用户体验和"寻一份失物,暖一片人心"的公益理念深深地打动了评委。在经历连续36小时有"编程马拉松"之称的蚂蚁开发者大赛后,他们取得了第3名的好成绩,获得21万元的奖励,并成功上线"暖寻"支付宝小程序。他们本来学的是机械专业,虽然对计算机软件程序开发有浓厚的兴趣,但真正跨入这个领域后还是遇到了许多意想不到的困难。4个"懵懂"的小伙伴自学了计算机编程知识,不但边学边做,而且各司其职,一起努力后圆满完成了这个跨界课题。从身边的这个实例中,我们可以看到,通过艰辛的努力他们勇于尝试新的领域并取得一定的成果,而这些成果的取得也必将为他们走上社会打下坚实的基础。

在与很多招聘单位的多次沟通中,我听到一些企业的人事经理对当代大学生的择业观念和做事风格感到很无奈。上汽集团的一家子公司的人事经理曾与我有过深入交流。他比我年轻,曾在大公司,甚至跨国集团公司工作,有多年管理大学生求职的经验。他认为,现在的大学生好高骛

远,不重过程,只看结果,过于看重工资待遇,工作态度浮躁,甚至对他们不抱任何希望。我曾对参加专场招聘会的部分企业做过调查:近两年贵企业在我校招聘的毕业生最终有多少能留下来。这些企业告诉我,实习期结束后,最终能跟企业签订正式劳动合同的学生一般只有20%左右。正常的情况是,企业在完成对他们的培训后,除了少数无法达到企业基本要求的学生外,绝大多数学生都有机会与企业签订合同成为正式员工。在实习的3~6个月里,实习生的工资是正式员工工资的80%。需要提醒所有毕业生一个重要的细节:在实习期内,学生的学籍仍然由学校保管,期间的各类保险办理应由学校负责。另一个问题也是非常重要的,我国大力推进社会信用制度的建立,树立诚信意识对每个人来说都很重要。因为所有大学毕业生有且只有一份就业协议书,所以在与企业签约时需要慎之又慎,否则有可能因为不履约或毁约造成个人信用受损。对每个应届毕业生而言,谨慎而理性地选择毕业后的第一份工作是非常重要的。如果你们有辞职的计划,那么一定要处理好保险的衔接缴费,尤其是养老保险,否则会影响退休后养老金等的领取。在更换工作时,档案等个人资料的处理也非常重要,它会影响个人生活的方方面面,如购房、落户、子女教育等一系列重要问题。

　　职业学校毕业生的就业去向多是生产一线。由于企业性质不同,有的是2班制生产,有的是3班制生产。一般工作时间是8~12小时不等。如果是12小时工作制,那么会有工作1天休息1天的轮班;如果是8小时工作制,那么每周会休息1天。其实,加班生产是一家企业具有活力的表现,生产任务饱满才会安排加班生产。对于加班,绝大多数企业都会按照规定给付加班费的。大部分毕业生都成为生产一线的技术工人,只有埋头苦干,才能被领导认可和赏识,才能获得个人发展的机会。后备管理干部是很多企业为毕业生设定的培养方向,因此只有通过不断努力和学习,脚踏实地地走好第一步,才能有提高自己的机会,也才能有发展的基础和可能。对女生来说,招聘单位为其设定的职业发展道路虽然与男生没有太大区别,但是大部分女生因为所学专业(如数控加工、模具设计与制造等)

都不愿到一线做技术工人。实际上,很多机械加工生产企业还为女生提供了另一个较为适合的方向,如产品、零件的质检和仓库管理等工作。我想再次提醒每位毕业生,做任何事都必须有努力的过程,才能产生想要的结果;如果忽视努力的过程而只注重结果,那只能是空谈、奢望。你们还应坚持在职学习和提高能力,人生很短,想要充实、发展自己,想要有所成就,就必须努力。无论是男性还是女性,坚持在职学习提高是为适应快速发展变化的社会要求,更是实现人生价值的必然选择。

如今在毕业生中普遍存在一种现象:总会有部分毕业生在漫无目的、敷衍草率地找到人生的第一份工作后,就陷入在家"啃老"的生活状态。或许你的父母暂时有能力照顾你,但是总有一天你要独自面对早已陌生、不断变化的现实社会,到那时你是否有能力去适应全新的一切,也只有自己才知道。每个人都必须学会长大,必须独立思考和行动,因为你已经接受了完整的学校教育而成年。现在的大学生就业形势应该还是比较好的,只是不一定如你们认为的那样。就安徽工业大学和马鞍山职业技术学院而言,据两校统计,2016~2017年两校的各级各类毕业生分别为5000~6000名、1000名左右,就业市场为他们提供的就业岗位中,安徽工业大学毕业生人数与就业岗位数量之比大约为1:5,而马鞍山职业技术学院毕业生人数与就业岗位数量之比更是达到1:10。两校统计的就业率都达到90%以上,还有不少学生本科、专科毕业后选择继续深造,但是不管在毕业时做出怎样的选择,最终还是要走上社会寻找工作,接受社会的检验。

毕业后直接在校入伍已成为很多学生的一种选择。实际上,近年来军队在人才选拔和建设上的步伐越来越快,要求也越来越高,需要更多有知识、有文化的热血青年。参军后,你们也要不断加强学习,如能考取军队院校也是一种不错的选择。接触过一些服役后回来的学生,部队生活的磨炼确实给他们的学习和生活带来很大的变化,他们相比以前有了更大的进步和改变。

实际上,即将毕业的学生们在未来还有很多选择,如考选调生、公务员等。全国各地每年都会组织各类公务员考试，我们一般可以根据不同的要求和自身条件、个人意向选择报考不同职位。每年都有很多高校毕业生参加各地、各级公务员考试。国家公务员考试的报名人数非常多，竞争也很激烈，曾有8000人竞争一个国家机关职位的情况。报考地方公务员，虽然竞争也很残酷，但是考取的机会相对大一些。全国各地公务员考试的时间可能有一些差异，所以相应的我们可以有更多选择和考试的机会。在报考时，我们必须考虑清楚如何选择报考的职位、所在地区和城市等，深入了解所选职位的工作内容、发展空间等，以做到有的放矢。每年安徽工业大学至少有二三百名毕业生会参加马鞍山市、县的选调生和公务员考试。选调生其实就是预备公务员，在基层锻炼2~3年后就有机会到地市、县的相关部门工作，而且是后备干部的主要来源。

毕业时的择业是需要我们第一次独自面对的选择，除了被招聘单位挑选，我们也必须进行充分的准备，主动参加学校主办的多种形式的毕业生双选会，结合自己所学专业做必要的了解和调整，搜集对自己就业有益的第一手资料，深入了解所学专业的就业形势和发展前景，确定自己的职业发展方向和人生目标，从而做出符合自己意愿的选择。

说到具体的工作选择，就像我们根据自己的高考分数选择志愿一样，我们可以做一个上、中、下三层的就业准备方案。对于同校、同层次的毕业生，总体来说招聘单位所提供的职位差别并不大，毕业生最关心的工资待遇的差别也不大，但是第一次独自面对社会和企业的选择，我们应该有很多问题需要思考，如学习培训、工作锻炼、能力提升和发展空间等，甚至要考虑自己的性格能否匹配和适应工作需要。我们千万不要被社会上的某些说法误导，自己在人生的第一份工作中的感悟将对下一步成长产生重要的影响。任何企业都会对员工的工作表现做出综合评价。然而我们需要明白的是，他人眼中的好企业对自己来说并不一定也是好的，因为未必适合自己；在被大家不看好的企业里也有人把工作做得风生水起。

说说我身边的例子。安徽工业大学电气信息学院的一位女生，她在生活和学习中非常自立。在读大一、大二期间，因为她的父母分别在深圳和扬州工作,而她是在重庆被外公、外婆带大的,所以每到假期她都需要选择去哪里度假。她跟亲人团聚后,除了增进亲情之外,还在这些城市不停地打工。根据自己的性格和实际能力,她大多选择在公司里做文员工作。因为她能迅速调整自己以适应工作需要,所以受到了公司领导的多次表扬和挽留。这些锻炼不仅使她提高了能力、增强了自信,也使她更加成熟。在大三下学期到大四上学期的一年中,她从网上搜集信息后独自去了上海和南京的时装设计加工企业应聘。虽然她只有在她爸爸创立的小型服装加工厂工作的经历,而且从未学过服装设计专业知识,但是由于对服装设计的喜爱,面对这些大公司的招聘主管时她竟然无所畏惧、侃侃而谈,提出愿意从设计师助理职位做起,并表达了愿以此为终身奋斗目标的愿望。最后,一家总部位于上海的大公司竟然差点与她签订劳动合同,但是答应两天后再给她回复。在焦急等待的第一天,她将这个消息告诉了我。就像我判断的那样,因为所学专业是电气工程,所以她还是失望了,没能如愿以偿。虽然她通过一系列主动争取仍未成功,但我建议她可以根据自己的爱好和志向调整努力方向,在条件允许的情况下可尝试去国外深造,如能去英国、法国、意大利等国学习服装设计专业,回国后再进入较好的大型服装设计公司工作,从底层做起,最终实现服装设计师的梦想。在去上海参加这家大公司面试的同时,她还参加了在上海举办的应届毕业生大型招聘会,通过参会、交流和学习,把增强主动沟通的意识发挥得淋漓尽致。我的另一个学生因为要参加毕业前两个专业8门课程的考试,从武汉赶回学校。他在之前的两个月里,跟着亲戚去中建公司武汉项目部的一个工程部工作。因为他学的是建筑和工程造价两个专业,所以被单位安排承担工程造价方面的工作。马鞍山职业技术学院曾有一个从中职升到高职的学生,他的专业是数控加工,所以他跟着亲戚开车去了南京江宁开发区的一家机械加工企业,实地考察企业和工作的具体情况,与企业领导、在岗员工进行了多次交流。学会成长、主动出击,才能真正获得成长、抢占先机、赢得机会。

一个事实摆在所有人面前,谁的青春都会经历失败,只不过因为年龄

和时间,我们还有调整、努力的机会。对每个人来说,机会需要自己主动去寻找,智商不容易改变,但情商和挫商将通过一次次学习、挑战和修整得到逐步提高。所有的机会必定会留给有心的聪明人。

二、就业指导的必要性

从上学开始直到高中毕业,学生们唯一的目标就是考上大学,自始至终没有接受过规范系统的就业指导和培训。目前社会经济飞速发展,对年轻人,尤其是即将毕业的大学生的要求越来越高。这不仅关乎个人的前途,而且关乎整个青年群体走上社会后能否适应社会发展的更高要求、能否更快地投身于现代化建设之中。

近几年,我经常给毕业班上课。在本科大四和高职三年级的最后日子里,学校安排的课程不是很多,除了有重修课程的学生仍需在校学习外,大部分学生已经开始忙于就业准备。由于安徽工业大学多年实行学分制,不少优秀的学生通过努力学习两年半或三年就完成学分被准予毕业了。安徽工业大学和马鞍山职业技术学院都开设大学生就业指导课程或讲座。我在教学过程中发现,有不少学生十六七岁就进入大学学习了。虽然他们本科毕业时一般在20~23岁之间,专科毕业时一般在20~22岁之间,但在处理就业等一系列问题上仍然稍显幼稚。

2015年,针对大学生在就业方面遇到的诸多问题,我在马鞍山职业技术学院的毕业实习课程中做了很多调整。我在提纲挈领地完成课程的基本教学内容后,根据学生们较为关心的实习、就业等具体情况,对他们进行一系列有针对性的指导。我广泛搜集、深入了解即将来校招聘的单位的相关信息和具体情况,密切关注和研究企业对人才的不同需求,再根据学生的专业方向、就业去向,甚至根据自己对每个学生的个性、能力的了解提出具体合适的就业建议。每个人自有生命之始就不断地面对一个又一个选择,教会学生们做好人生中第一次重要的选择非常必要。

我还告诉到现场参加招聘会的学生,要深入了解招聘企业,通过招聘

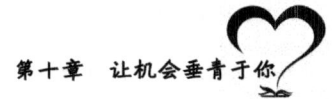

企业参加招聘的人员构成可以看出其对学校的重视程度。单位派来参会的人员无论是人事部主管、部门经理,还是分公司经理,在一定意义上说是有很大区别的。对每位毕业生而言,如果你选择并被一家企业聘用,那么你的工作表现必将影响该企业对学校毕业生的整体印象。因此,每位毕业生在选择工作时必须树立责任意识,必须具有一定的使命感。

三、精心准备,客观评价

2017年,我对所带班级很多学生的应聘简历提出意见和建议。现在的大学生利用网络和各种美图软件一般都能将应聘简历制作得比较漂亮,但是其中多数少思想、无个性。简历制作得再精美,最终也只能靠实力说话,展现实力才能赢得机会。在他们的求职简历上,几乎所有学生都是从网络上选取图片,甚至语言、模板等,不但缺少个性,而且出现了各种相似的文字、标点错误。其实,我们应该学会用自己的语言客观真实又有特色地评价自己,展示自己的学习、生活、能力和感悟。

我在马鞍山职业技术学院教的2015级模具设计和制造专业的两名学生,他俩一个是系学生会主席,一个是系学生会宣传部长,给我留下了深刻的印象,都与我成了朋友。第一个男生个人能力强,备受同学们拥护,在大二时通过竞选成为系学生会主席,在各种活动中不断提高工作能力,赢得了越来越多学生的信任和认可。另一个男生虽然个性有些张扬,甚至有时无意破坏了别人的一些机会,但确实在思维、个性、为人处世、认知理解等诸多方面出类拔萃。因为他们都在学习和生活中得到了一定锻炼,尤其是在学生会工作中积极配合、沟通协调、优势互补、共同成长,所以他俩的求职简历就显得与众不同。他们在求职简历中,除了介绍在校学生会里的工作经历外,都着重写了自己在学习和工作中的个人感悟,还介绍了从高中到大学的假期里在不同单位打工的经历,而且将这些单位对自己的评价加盖公章放入简历,无疑为简历增色不少,也显出了自己的成熟。他俩在校期间获得的各类荣誉证书多达二三十项。我建议他们可

增加荣誉和证书一栏,将这些奖项按照学习、工作、才能等分类排序附在后面,这样不但显出简历内容条理清晰,而且能使招聘单位对这些情况一目了然。那个学生会宣传部长也是非常用心,不但将求职简历做得很有特色,而且在简历中除了增加所学主要课程外,还用UG三维设计软件设计了一些零件图片,以及自己设计的动漫图片。这些独特之处展示了他的与众不同,对招聘单位更有吸引力。我还建议大家可以在页眉上增加自我评价,如勤奋务实、善于思考、热情友善等,以凸显自己的优点。无论是哪种形式的招聘,招聘企业不会有太多时间细读每一份简历,但是一份有特色、有思想、有内容的求职简历更容易引起招聘企业的重视。需要说明的是,对每个毕业生来说,求职简历虽然能在一定程度上给自己加分,但能否被聘用掌握在用人单位的具体决策者手中。

四、留意应聘中的一些细节

在整个毕业生招聘季,由于学生们要面对很多招聘企业,常常会产生挑花眼的感觉。需要提醒大家的是,那些已与学校签约的用人单位为什么每年都会来本校招聘,难道他们的企业对员工的需求真的是无限的吗?肯定不是这样的。除了企业的实际用人需求外,很多企业是因为员工离职,有些企业因为是学校的签约单位必须参加,但实际上他们当年根本没有招聘计划和需求。我建议你们一定要留意一个提前和两个细节。一个提前是,所有有需求的企业都会在自己的网站上提前公布招聘方案,包括招聘地区、招聘职位和专业要求、学历层次、对应招聘的学校等信息,所以要随时关注这些信息,做好应聘的前期准备,直接上网查询企业官网发布的招聘信息,还应该查询企业的发展历史、性质、发展方向和计划、人文环境、企业文化等一系列重要信息。两个细节:一是对自己有意应聘的企业进行透彻研究、慎重选择;二是结合招聘企业的需求填写简历和有关资料,写清应聘岗位,这样更有针对性,也会使用人单位感受到自己的诚意。

在简历投递完成后,学生们一般还要接受企业的面试、复试等。无论是一对多、一对一,还是多对一、多对多的面试场景,你们都要充分准备、谨慎作答。如果你遇到了几个面试官,那么一定要高度重视座位在正中的面试官,因为他一般可能是招聘企业里的关键领导。在面试的过程中,我们需要特别留意的是,一家有长远规划的企业不会只用优厚的工资待遇吸引人才,还会有系统完善的企业文化、全面详细的员工培养计划、合理顺畅的上升通道等。这些细节是企业注重长远发展的重要体现。

在理工类高校中,女生所占比例较低,而且她们主动交流的意识比较淡薄,缺少与外界接触的机会。大部分女生从初、高中显露的开朗性格,到大学后因陌生的外界环境而变得较为内敛、被动和沉闷,在即将走上社会时其存在的劣势也更加明显,错过很多交流学习的机会。在现实社会中,女生们的就业问题尤为突出。对女性来说,只有靠自己赢得一切,你们才能更独立、更坚强、更踏实。我想提醒女生们,在快速发展变化的社会中,一定不要忘记自己努力学习的初衷,绝不是为了嫁得好,而是让自己真正站起来、真正地独立。女性的尊严是建立在独立之上的,虽然你们只有不高的职位和工资,但有自己的事业和追求,这是非常重要的。也只有这样,才能真正地被所有人尊重和敬佩。

一定要学会提问,这是我必须提醒你们注意的另一个重要的问题。我曾多次参加企业专场招聘会,一般在参会前会仔细查询企业的相关信息,认真观看企业宣讲的VCR,并做好记录分析,整理需要提出的问题。之所以这样做,是因为我发现在招聘单位与毕业生的交流提问环节,在场学生很少有主动提问的。在这种场合,其实他们不是没有疑问,而是不知道如何向招聘单位提问。为能更好地增进学生们与招聘单位之间的交流和互动,我曾邀请一些招聘单位的领导、人事部经理或主管,以及毕业时间不长但已小有成就的学生,介绍自己的求职经历、发展和成长、个人体会和感悟等。通过多次这样的沟通和交流,学生们懂得了我为他们所做的一切,渐渐敢于主动向招聘单位提出自己的问题了。看到他们的点滴成长,我倍感欣慰。

我们还必须考虑地区差异问题,考虑到企业工作后的个人生活、婚姻家庭、父母赡养,甚至子女的出生、教育等诸多问题。在真正走上社会以后,我们必须不断地学习和积累,做好自己的长远规划,一步一个脚印地走好人生的每一步。

对每个毕业生来说,学会有目的地学习,有规划地工作、生活和成长,这些真的不是在大学里通过课程学习就能做到的,必须面对现实、面对未来,时刻保持清醒和独立,才能在人生的选择中游刃有余、从容应对。

结　语　明天必将灿烂

每个人需要思索的、每个人需要践行的将伴着晨曦在每个日子都会出现、在每个时刻都会出现。只要你每天清晨能拥着阳光,就应该充满激情地接受它的沐浴。因为这个世界上,只有自己才能决定自己,也只有自己才能改变自己。不需要外界给自己压力,因为只有自己才能给自己奋进的决心和力量,也只有自己才是命运的主宰。

从懵懂少年到人过天命,人的一生没有重复,对人生的感悟不会相同,对人生的追求也不会相同,对人生意义的认识更不会相同。虽然每个人终究都要失去生命,但不求人生相同的极致,只求自我人生意义的最大实现。

感谢父母给予我的一切,感谢生活赐予我的甜蜜和痛苦,感谢生活的阳光带给我光明,感谢生活的磨砺送给我的灰暗,因为我始终坚信人生于世、立于行,只有自己的内心世界光明,才会带给自己一生的光明。

想起童年、少年、青年时的理想和憧憬,我感怀至今还未实现的理想。一个个人生驿站使我享受快乐、铭记痛苦。人到中年,我更期望有一天能创办一所属于自己的学校,将自己对人生的理解和感悟与更多人分享。组建自己的团队,不为功利,只为更多的人身心健康、积极向上;打造满足百姓需要的团队,实现身心皆美的理想,那是我想建造的乐园。人是可以团结的,更是可以汇聚的,只要在你心中充满对生活的憧憬和热爱。书画、舞蹈、歌唱、运动,甚至你能想到的可以获得快乐和幸福的任何事情,我都希望能被囊括其中,因为每个人都需要快乐的精神家园。

所谓"三立",就是立德、立功、立言。《左传·襄公二十四年》:"穆叔曰:

'大上有立德,其次有立功,其次有立言。'"这是人生的三种境界。古人对人生境界和行为要求不过这六个字,它们在任何时代都会有新的意义。人的确应该时时感悟着,时时警醒着,时时前进着。人生的思考和总结,不该只是旁人给你的评价,而是你该给自己一生的执着。

明天总有希望,明天必将美好,这不只是给自己安慰,而是鼓舞自己奋进的力量。回忆昨天,是对自己的审视;迎接明天,是对自己的鼓励。如今我已通过自己的不懈努力,一次次跨过了人生的沟沟坎坎,更加真切地看到每天晨曦后闪现的光明和希望,也更加珍惜自己的生命时空。虽然我不曾获得像父亲那样的荣耀,在很多人心中德高望重,但人生不息、奋斗不止的信仰始终铭刻在我的心中。

对任何人、任何生命而言,时间是个常数,生命却是个不定常数。虽然他(她)的生命区间不过百年,但让它成为人生的有理数还是无理数,全在你自己的手中。作为人,作为一名教育者又是被教育者,教育是终生不变的主题。其实,人生自始,一生都无法回避选择,都必然时时面对选择,不论你我是谁。在每个人生节点,选择都是至关重要的。梳理人生,面对你的一个个选择,以及你选择后是否执着地去践行,这些都必将被永远地留在你的人生中。当你垂垂老矣行将就木时,你所得到的一定是自己再也听不到、看不到的人生评价。每个人应该牢记"学生学生,学习人生、学懂人生、学会人生",这就是"学生"的本义。

2016年国庆假期的一个清晨,当从睡梦中醒来,不知道自己是怎样从床榻上挣扎到沙发上,清晨的第一缕阳光没有让我清楚地记住自己在做什么的时候,我又一次被送进了医院。只是我永远记住:我的女婿用他的肩膀和脊背将我从七楼背下去,又开车把我送到医院。而十余天后出院的我,手里拿着的又是一份"脑梗死急性复发,程度严重"的诊断书和一大堆医嘱报告。但我就是打不死的"小强",不但已知天命,而且有了第二个孙女。沐浴阳光,我才能给人以阳光,才有积聚阳光的力量、播撒阳光的坚定。

结　语　明天必将灿烂

虽然身处变革的时代,但或许这是一种挑战,也是一种挣扎,甚至是一种痛苦,然而自己的生命才更有意义。也许,完美是我的追求,追求完美,你才会更近地触摸想得到的一切。人生可以趋同,因为人类有共同的目标、有相同的方向,但人生绝不可能完全一样,因为我们本就不一样。

海明威的《太阳照样升起》反映的是战后年轻一代当时的心理变化。20世纪20年代的世界刚刚经历了战争的破坏。人类有史以来最为残酷的战争使世界变得满目疮痍,留在人们心中的创伤更是久久不能平复的。战争的恐怖、事物的变化、人性被践踏,使经历过这场战争的年轻人背叛了曾经的理想,沉溺在享乐之中,失去了生活的目标。在当时的时代背景下,作者塑造了杰克·巴恩斯这个人物形象,描绘他努力在混乱的社会价值观和个人的不幸之间保持人格的完整。他是海明威塑造的第一个所谓"准则"主人公,用一套个人的原则来指导自己的行动。这种经历战争仍然秉持自我准则的人物形象就成了青年们推崇的榜样,他们需要重建的正是一套价值观。这部小说被奉为年轻人的"圣经"。使用海明威式的简短而厌世的语言成为人们交谈的时尚,而那种粗犷而敏感的叙事风格同样为人们所喜爱,应该为自己思考和活着。

是的,对于世界,对于每个人,太阳每天都照样升起,如何对待生命中的每一天、每一时、每一刻、每一分、每一秒,全在你自己去把握,因为我已长大。

上善若水,就是说最善的人就像水一样,"上善若水,水善利万物而不争,处众人之所恶,故几于道"。水利万物可又与世无争,更可以在众人都厌恶的地方生存。老子认为,水的这种品质已经接近他所提倡的道了。大爱无疆应该很容易被理解,就是真正的爱是没有地域和界限的。每个人无法决定这个世界和他人能给予自己什么,但一定能决定自己给予自己、他人、社会和世界什么。

现在我有了孙子和来之不易的孙女,已经拥有5年哺育后代的快乐时光。他们茁壮成长的每一天,对我来说何尝不是另一种成长。也许没有

人能记住3岁以前自己的一件往事,然而襁褓中、怀抱里、蹒跚学步时,在幼小的生命第一次说出第一个字的时候,其实你的一切哺育都已留在孩子的心头。在他们的世界里,没有争吵和埋怨,没有诅咒和辱骂,更没有抱怨和烦躁,因为他们今天是你怀抱里的幼小生命,明天必定是你生命的延续,你今天教给他们的善良和美好越多,明天他们传承和给予他人、社会、世界的美好和奉献也会越多。也许你给他们的是优越的生活、多彩的成长,也许你给他们的是无边的争吵、不堪的童年,但你能给予一个新生命的肯定不只是让他们简单地活着,更应该给他们一个美妙而值得回忆的人生。其实,世间万物,你为之花费的时间越多、倾注的精力越多,你得到的回馈也会越多。看到孙子们遇到红绿灯时已能分辨行止,已能把自己的好东西与人分享,在公园里已能把自己的垃圾丢进垃圾箱,大方地喊着众人,也许这些并没有熟读背诵唐诗宋词那样令人羡慕,但我心中的自豪感油然而生。因为日月如梭,曾经沉淀在血液中的儿时记忆会陪伴他们直到遥远的未来,而那必定是他们生命中的光辉,也是我生命中的阳光。

  人之始,无不被教被育,而成熟时必定需要自教自育,关键是教育为何,教育如何!对每个人来说,生命的意义就是去成长、去努力,去做自己真正想做的事情。当你喜欢的能成为自己一生的挚爱,而你通过对挚爱的付出而有所收获,并最终赢得他人和社会的认可和尊敬,那才是你应有的人生,那才是有价值的人生。人的生命虽会消失,但你的思想意识、认知方法、生命感悟、行为习惯等一切财富,都或多或少地通过言传身教、春风化雨传给后代,他们恰恰是你生命的又一次延续和绽放,这正是中国的人文传承生生不息的深意。因为人只能回忆昨天、拥有今天,却永远无法预知明天。然而,今天有目标、有坚持、有精神的努力和奋斗,才能拥有真正的人生和意义。当你离开这个世界的时候,如果还有人能追忆你曾给予他们的阳光,坚定地为他们的目标奋斗,那才是他和你所共有的幸福。

结　语　明天必将灿烂

感谢所有给予我生命和磨难的人，给予我阳光和阴霾的人，给予我掌声和诋毁的人，给予我感动和愤怒的人，正是因为有了你们，我的人生才会更精彩，我的明天必将更灿烂！

万　巍

2019年8月